Japke-d. Bouma

WERKEN DOE JE MAAR THUIS

De beste tips voor op kantoor

2021 THOMAS RAP

MIX
Papier van verantwoorde herkomst
FSC® C004472
FSC www.fsc.org

Dit is een herziene heruitgave van *Survivalgids voor de kantoorjungle* (2015).

De in deze uitgave opgenomen columns zijn voor een deel eerder verschenen in *nrc.next* en *NRC Handelsblad*.

Eerste druk augustus 2018
Tweede druk december 2018
Derde druk maart 2020
Vierde druk januari 2021
Infographics Boudewijn van Diepen en Ruiter Janssen
Omslagontwerp Moker Ontwerp
Foto auteur Keke Keukelaar
Vormgeving binnenwerk Aard Bakker
Druk Bariet Ten Brink, Meppel
ISBN 978 94 004 0426 7
NUR 301

thomasrap.nl

Voor Martine Kamsma, Alex van der Hulst
en Frank Smudde – mijn gidsen in de
kantoorjungle.

INHOUD

VOORWOORD

Dit zijn de beste tips voor op kantoor

Werk jij op kantoor? En snap jij er ook geregeld helemaal niks van wat daar allemaal gebeurt?

Snap jij bijvoorbeeld niet dat jíj die baan hebt gekregen, in plaats van de stagiair die het eigenlijk veel beter weet? Dat altijd de verkeerde mensen aan het woord zijn en dat ze de vergadering net zo goed even op de mail hadden kunnen zetten?

Dat niemand zin heeft om naar personeelsuitjes te gaan, voor de teambuilding, en dat dus allesbehalve helpt, voor de teambuilding – maar dat tóch iedereen weer gaat?

Dat je dacht dat je baas je mocht, maar hij dan ineens zegt dat hij je zo 'onprofessioneel' vindt? Dat je geen flauw idee hebt waarom de flexplex is ingevoerd en iedereen een burn-out krijgt van het lawaai in de open kantoortuin? Waarom je toch weer koffie gaat halen voor iedereen, terwijl je dat eigenlijk helemaal niet wilt?

Dat je nooit weet wat je moet zeggen op de nieuwjaarsborrel, maar dat als je om je heen kijkt, alle anderen dat wél lijken te weten?

Dat sowieso iedereen net doet of hij precies weet hoe het werkt op kantoor terwijl jij wel beter weet?

Dan is dit nou echt een boek voor jou. Want in dit boek kun je weliswaar het hele pijnlijke palet aan afschuwelijke kantoorervaringen nog eens nalezen, maar krijg je ook tips over hoe je ermee omgaat. Want is het normaal wat we allemaal aan het doen zijn op kantoor? Nee hè? Is het normaal dat er ineens 'scrum masters', 'continuous improvement specialists' en 'sourcing ninja's' op de afdeling werken? Is het niet gek dat we de ene managementhype na de andere over ons heen krijgen? We zijn gek geworden op kantoor. Misschien vind je het wel lekker dáár nou eens iets over te lezen.

Maar wacht even, je bent natuurlijk veel te druk om dit hele boek te lezen. Juist omdát je vaak geen flauw idee hebt hoe het op kantoor werkt, stop je er namelijk veel te veel tijd in. Daarom hieronder een korte samenvatting van het boek. Met de beste tips om te overleven op kantoor. Als je dit leest, weet je eigenlijk alles. Sterker nog, als je dit uit hebt, heb je wél weer overal tijd voor. Misschien zelfs wel genoeg tijd om dit boek tóch helemaal uit te lezen.

TIP 1. IEDEREEN DOET MAAR WAT

Mijn belangrijkste tip is niet eens zozeer een tip, als wel iets dat je altijd in je achterhoofd moet houden op kantoor: iedereen doet maar wat. Het lijkt wel of iedereen het allemaal heel goed voor elkaar heeft en dat overal over nagedacht is, met strategische plannen, targets, SMART-doelstellingen, agile werken en beoordelingsgesprekken, maar dat is maar schijn – net zoals je baas ook maar een mens is, klooit iedereen maar wat aan. De beste ideeën en de mooiste dingen komen bij toeval tot stand.

TIP 2. MAAK HET GEZELLIG

Mijn tweede advies zou dus zijn: maak er gewoon het beste van en maak het gezellig op kantoor. Bak koekjes en neem ze mee naar je werk, zakken drop, borrelnootjes, pizza. Maak vrienden op je werk en drink een kist wijn met ze leeg – er zijn belangrijkere dingen dan targets. Doe ook vooral wat je leuk vindt, het leven is al zwaar genoeg en als je ergens zoveel uur per dag doorbrengt als op kantoor, kun je het er maar beter zo leuk mogelijk proberen te hebben.

TIP 3. NEEM EEN HUISDIER, THUIS

Lukt het niet meteen om het alleen maar leuk te hebben op je werk, en doe je er nu nog vooral dingen waar je een pleurishekel aan hebt, maak dan een plan om het beter te krijgen. Zorg voor 'draagvlak' zoals dat heet op kantoor. Maak je hard voor anderen, beveel leuke mensen aan bij je baas, stuur hun complimenten. Wees nooit onaardig. Iedereen die je nu tegenkomt op je werk, kom je de komende twintig jaar tegen op je werk en de jonge collega die je nu zo irriteert, is over tien jaar je baas, dus dan kun je nu beter af en toe op je tong bijten. Wees aardig tegen leuke mensen en beleefd tegen de stomme – dan doen zij hetzelfde voor jou.

En als ze dat niet doen en er verandert niets, zorg dan in ieder geval dat je het thuis leuk hebt, zorg daar voor leuke mensen om bij uit te huilen, en als ook dát niet lukt, neem dan een huisdier. Dat zou mijn derde tip zijn: neem een huisdier met een vacht waarin je hard en hartstochtelijk kunt uithuilen als alles mislukt op kantoor.

TIP 4. SUCCES IS GEEN KEUZE

Succes is geen keuze, wat alle succesgoeroes ook zeggen. Geloof ze niet, daar komen alleen maar burn-outs van. Natuurlijk, je kunt je de pleuris werken, zorgen dat je goed bent opgeleid en de juiste mensen kent, en dat je overal op precies het juiste moment bent, maar succes is ook vaak mazzel hebben en timing. En dat heb je helaas zelden in de hand. Surf dus mee met de stroom als het tegenzit, ga er niet tegenin zwemmen. Jouw tijd komt nog wel. En anders maar niet. Sowieso een goed advies: verlaag je verwachtingen.

TIP 5. VERLAAG JE VERWACHTINGEN EN GENIET VAN HET LEVEN

Dat zou mijn vijfde tip zijn: verlaag je verwachtingen en geniet van het leven zolang je nog gezond bent.

TIP 6. WERKEN DOE JE MAAR THUIS

Heel veel mensen zie ik die denkfout maken, maar kantoor is niet voor werken – laat het los dat je ook maar iets afkrijgt in de kantoortuin. Iedereen zit er boven op elkaar en altijd is er wel ergens om je heen weer iets veel gezelligers of interessanters dan je eigen beeldscherm. Laat het los dat je je kunt concentreren, dat scheelt al heel veel frustratie. Regel dat je af en toe thuis kunt werken om alles af te maken. Zeg maar tegen je baas dat het van mij mag. Scheelt je ook weer filerijden. Wat je allemaal niet afkrijgt, thuis! Ongelooflijk!

TIP 7. DOOD AAN DE FLEXPLEK

Zeg ook tegen je baas dat je geen flexplek meer wilt, maar gewoon een eigen bureau. Flikker op zeg, met je flexplek. Iemand heeft ooit bedacht dat flexplekken een goed idee zijn, ik kan er kort over zijn: de flexplek is de hel. Ze zijn bedacht door al die interieurarchitecten – sowieso een overbodige beroepsgroep – die denken dat alles open en 'transparant' moet zijn om te kunnen samenwerken. Dat is niet zo. Open en transparant is namelijk lawaai. Elke dag een andere werkplek moeten veroveren, als dat je al lukt, geeft stress.

Het is ook niet goed om elke dag naast een ander te zitten, dan moet je steeds weer door al die nieuwe verhalen heen. Iedereen heeft recht op een eigen plek op kantoor. Het is er al onrustig en vijandig genoeg. De flexplek en de open kantoortuin zijn wat mij betreft een van de grootste redenen voor burn-out op kantoren. Wegwezen met die onzin.

TIP 8. WIN DE LOTERIJ

Het is niet gek dat veel kantoortijgers mij vertellen dat het hun grootste droom is om de loterij te winnen. Dan kunnen ze weg uit de kantoortuin en zelf hun tijd indelen. Dat zou dus mijn achtste tip zijn: win de Staatsloterij.

TIP 9. MANAGERS: LAAT JE MENSEN EENS MET RUST

Lieve managers en bazen van Nederland: nu even een tip speciaal voor jullie: zorg goed voor je mensen. Laat ze naar huis gaan als het werk af is, of laat ze thuiswerken als ze dat willen. Waarom niet? De norm is nu: de hele dag op kantoor zitten, anders ben je geen goede werknemer. Maar we zijn elkaar daarmee aan het opjutten tot we er dood bij neervallen. Mensen zijn niet gemaakt om elke dag van 9 tot 5 of langer op kantoor te zitten. Mensen moeten af en toe naar buiten, lopen, ontspannen, kunnen nadenken in stilte. Laat mensen mensen zijn en duizend bloemen bloeien.

Ik zou ook tegen alle managers en leidinggevenden willen zeggen: kijk nou eens kritisch of het nu echt nodig is, al die managementbullshit die jullie elke dag weer over jullie mensen uitstorten. Is het nu écht nodig om 'innovatie', 'zelfsturende teams' of 'agile werken', of al die andere managementhypes door te voeren? Ik weet dat jij anders geen baan hebt, beste manager, maar dit is desastreus voor de motivatie van je mensen.

En als je dan tóch iets moet veranderen, zorg er dan voor dat je een goed verhaal hebt. Nu krijg ik weleens het idee dat er heel veel wordt veranderd op kantoor zonder dat dat echt nodig is. En komen heel veel mensen bij mij uithuilen over wat ze NU weer moeten van hun manager. Doe eens een weekje geen kantelen, scrummen, lean, mean en black belt-dinges. Gaan we dan dood of zo?

Sterker nog, ik denk dat we dan eindelijk gaan leven. Als we alleen al stoppen met vergaderen, kan iedereen elke dag om één uur 's middags naar huis.

TIP 10. HOU OP MET VERGADEREN

Dat zou mijn tiende tip zijn: stop met vergaderen. Mijn collega Ellen de Bruin heeft het in haar boek 'Vergaderen? Niet doen!' allemaal wetenschappelijk uitgezocht: vergaderen heeft geen nut. Dus: stop ermee. Mensen worden kapotgemaakt met onnodig geklets in hokjes en vergaderzalen.

Iemand zei laatst tegen me: 'Sorry, ik kan niet lunchen, want ik heb eerst een 'bila' – gewoon met iemand praten dus –, dan een meeting en daarna een brainstorm.' Dan denk ik: joh, dat betekent dat je dus de hele dag zinloos hebt lopen vergaderen. Brainstormen werkt al helemaal niet: alle onderzoeken tonen dat aan. Hoewel, brainstormen is wel leuk. Met bier erbij.

TIP 11. ZELFHULPBOEKEN WERKEN NIET

O ja, dat was ik nog bijna vergeten te zeggen: zelfhulpboeken werken niet. Dit boek dus ook niet. Geloof nooit de lijstjes die je overal tegenkomt in de trant van 'dit zijn de vijf dingen die je niet moet zeggen tijdens je functioneringsgesprek' en 'dit zijn de drie dingen die je niet moet doen tijdens je presentatie' – het is allemaal onzin. Want jij bent anders dan alle andere mensen, jouw baas is anders dan alle andere bazen en jouw bedrijf is anders dan alle andere bedrijven. Dat is ook meteen een van de redenen waarom managementmodes nooit één op één overal werken – iedereen is uniek.

Wat wél helpt: neem je werk serieus, maar jezelf een stuk minder. Relativeer. Maak grappen met je collega's, houd het licht. Want zonder humor op kantoor gaat alles dood. Dat dit boek, en ik pink nu even een traantje weg hoor, je daarbij tot leidraad mag zijn.

Dit voorwoord is gebaseerd op delen van een interview dat de auteur gaf aan de website AD Werkt op 16 oktober 2017.

1 LEKKER SOCIAAL OP KANTOOR

Met niemand breng je zoveel tijd door als met je collega's – je ziet ze meer dan je kinderen, je vrouw, je man en je familie. Veel mensen vinden dat erg, ik niet – er zijn heel veel leuke collega's, ze kennen je, ze kunnen geen kant op als je je saaie verhalen aan het vertellen bent, ze weten wat voor werk je doet en welke vriend weet dat nou als je 'program director' bent, 'content manager' of 'chapter lead' en kom op zeg: of je familie zo leuk is.

Maar ja, ze zijn natuurlijk ook weer niet ALTIJD leuk – je kunt niet naar je werk om ze te ontlopen zoals je met je familie kunt en je kunt niet zomaar met ze stoppen – binnen de grenzen van het strafrecht dan.

Daarom in dit hoofdstuk wat tips: ga je wel of niet met collega's op vakantie, hoe overleef je een heidag, hoe ga je met ze om bij een calamiteit, wie laat je de voetbaltoto invullen, wat zeg je tegen ze op een afscheidsborrel en vooral: wat niet?

Korte samenvatting: klagen over je familie doe je op je werk, maar klagen over je collega's doe je maar thuis.

1. LIEFDE VOOR COLLEGA'S

Natuurlijk heb ik collega's die ik het liefst met een fonduevork door de poep zou willen trekken. Best wel veel eigenlijk. En toch en toch... en toch zijn ze me allemaal dierbaar.

Bij ons op kantoor lijkt het de helft van de tijd, wat zeg ik, eigenlijk de hele tijd op een uit de hand gelopen borrel met kruimelige gebaksdozen en dropveters, met als enige verschillen dat we af en toe een rapport moeten lezen, een wetenschapper moeten bellen en er niet altijd alcohol bij is.

Mijn stelling is dat je het niet kunt helpen dat je uiteindelijk van je collega's gaat houden, ook van de natte kranten en de etters. Omdat je zoveel tijd met ze doorbrengt, krijg je zelfs voor de grootste eikel nog begrip. Een ziek kind, een hond die ze moesten laten inslapen of nog veel erger: doordat je zoveel van ze ziet en meemaakt, vergroei je uiteindelijk met je collega's. Ik kwam er laatst een keer pas op de fiets achter dat er nog eentje aan me vastzat.

Ik heb een wereldkaart thuis met knipperende lichtjes die laten zien waar ze allemaal zijn, wat ze doen en waar ze heen gaan – ik doe eigenlijk alles met mijn collega's. Ik droom van ze, ga met ze naar plattelandsdiscotheken, ik foeter ze uit, ga met ze kanoën en heb met ze gewandeld in de sneeuw. Ik had er ooit een die kotste in mijn beslagkom en ik kan je vertellen: wie in je beslagkom kotst, is niet snel uit je hart.

Natuurlijk nodig je ze thuis uit! Net als bij vrienden is het goed om te kijken hoe ver je kunt gaan. Sterker nog, dat is bij collega's nog belangrijker dan bij vrienden, want met collega's moet je prestaties neerzetten. Dus opper je om naar het naaktstrand te gaan, of een dagje met alle kinderen naar de IKEA. Met wie op komt dagen, kun je nog jaren vooruit.

Ze zijn ook altijd in de buurt, collega's. Een enorm voordeel vind ik dat. Vrienden moet je opbellen en inplannen, maar er is altijd wel een collega die met je naar de kerstnachtmis wil, naar de Efteling of naar de Côte d'Azur. Je hoeft ook nooit te zeggen 'je had erbij moeten zijn', want ze zijn erbij. Altijd.

Een collega is ook altijd een goed excuus. Als iemand vraagt met wie was je, zeg je: 'Gewoon, met een paar collega's.' Terwijl het natuurlijk helemaal niet gewoon is, collega's. Collega's zijn goud. Ze kennen je baas en je hoeft ze nooit wat uit te leggen. Voor je het weet, onderteken je je mails op kantoor met een kruisje, zeg je 'lieve schat' en ga je ze missen.

En ze weten ook zoveel! Hoe lang draadjesvlees moet sudderen, hoe het ook alweer zat met het verband tussen inflatie, geldschepping en de langjarige rente, en of het wat is, die Pleasure Gel van Durex. Eigenlijk is het enige nadeel van collega's, vind ik, dat ze stelselmatig te weinig tijd voor me hebben. Dan loop ik ze te zoeken tussen de printers en dan zijn ze aan het werk, of op sabbatical of thuis – dat is het ergst.

Want je bent natuurlijk niet alleen collega's met je collega's. Je bent wapenbroeders, en er is niets wat zo verbroedert als een strijd samen gestreden.

Als je geen vrienden hebt op je werk, heb je eigenlijk al verloren.

2. HEIDAGEN

Heidagen zijn verschrikkelijk. Kom op zeg. Met al je collega's verplicht naar zo'n congrescentrum zonder wifi en dan maar 'schapen drijven', 'spiegelen met honden', lachmediteren, 'paarden leiden', tangodansen, bruggen bouwen en een 'ludieke spreker' als trap na op het eind. En je komt altijd in het groepje met de suffe mensen.

Verder moet er natuurlijk uren worden gebrainstormd en geknipt, met Lego gespeeld en geknutseld, liefst in een verbouwde kerk of voormalig zwembad. En daarna praten over je dromen en diepste angsten en in welke opstelling je vroeger in je familie stond. En dan moet je huilen omdat je ineens weer denkt aan dat kleine meisje met de staartjes dat je ooit was en dat je bent kwijtgeraakt, en dat al je collega's zich dan heel opgelaten voelen en jij al helemaal. Rot toch op.

Ik ken mensen die springstof en cyaankali meenemen naar zulke dagen. Of cocaïne. Of meteen al in de bus hun kin heel hard op het asbakje slaan zodat ze een tand breken en dan verder niet meer hoeven mee te doen. Of die de hele dag cynisch gaan lopen doen tegen de coach, met zo'n ironische Jeroen Pauw-wenkbrauw omhoog, dat het ze echt aan hun reet zal roesten.

Natuurlijk hebben ze een punt, maar ik denk toch: heel flauw om zo te doen, jongens. Natuurlijk zijn heidagen klote, maar het zijn wel ónze kloterige heidagen. Een heidag is: samen ten onder gaan. Het hóórt stom te zijn. En iedereen hoort het stom te vinden. En al die brainstormplannen en knutsels horen in een la terecht te komen waarna er nooit meer een haan naar kraait. Het is: even die neuzen dezelfde kant op en het paard achter de wagen. Ik vind dat daar respect voor moet worden opgebracht.

Ik kijk dus liever anders naar heidagen. En dat is dat je van tevoren denkt: NEEEEEEEE! IK WIL NIET IK GA NIET. Maar als je dan voor die slotgracht staat met tweeëndertig rollen ducttape, tien autobanden, driehonderd kilo aardappelpuree en een tros touwen, dat dan ineens DE WINNAAR in je bovenkomt. Als je elk jaar de bonus wilt en ver boven je targets wilt belanden, waarom zou je híér dan ineens met je handen in je zakken gaan staan? Bovendien, je baas kijkt mee. En die heeft zich ook in dat T-shirt gewurmd ('We are the Champions').

Dus hoor je jezelf ineens heel hard tegen de secretaresse GO GO GO! roepen. En als de lul van sales van het vlot valt, trek je hem de peddel uit handen en bereik je alleen de overkant.

Natuurlijk. Heidagen zijn de vinketering van de kantoorjungle. Maar ze laten wel haarscherp zien wie de échte winnaars zijn.

3. VOETBAL OP KANTOOR

Als we amper in de achtste finales zitten, merk je het al: een Europees of wereldkampioenschap voetbal is amper te combineren met kantoor. Het is killing. De late wedstrijden, het gesjees om de wedstrijd van zes uur te halen, de stress, de hartverzakkingen, de tussenstanden in de voetbalpool, de oranje sokken van de baas – de meeste collega's zijn aan het begin al overspannen, dat hoor ik ook van andere kantoortuinen.

Dat komt doordat te veel bedrijven zo'n WK te krampachtig gaan zitten ontkennen. We mogen een vlaggetje ophangen en het er af en toe over hebben, maar het werk moet gewoon doorgaan – die mentaliteit. Ik vind dat onverstandig. Iets wat zo groot is als een WK, laat zich niet buitensluiten. Mensen houden dat voortdurende schakelen niet vol. Mijn voorstel zou dus zijn om de kantoordeuren open te gooien en WK en kantoor op een natuurlijke manier te laten samensmelten.

Dan gaan we vergaderingen voor- en nabeschouwen, prestaties kapot analyseren en oeverloos leuteren met mensen die nergens verstand van hebben maar tóch hun mening geven. Verder gaan we alleen nog maar in een 3-4-3- of 4-3-3-opstelling lunchen, wordt elke ochtend aan de belangrijkste spitsen gevraagd hoe ze zich voelen, wil ik het in slow motion kunnen terugzien als er wordt gescoord tijdens een pitch en wil ik nadat een belangrijke offerte is binnengehaald een korte reflectie van speler, trainer en commentator.

Sowieso wil ik dat commentaar live op de intercom. Daar kun je iemand neerzetten aan wie het hele bedrijf zich ergert. Daarnaast praten we louter nog in voetbaljargon. We creëren dus kansen, zetten druk en handelen naar voetballend vermogen. De afdeling sales kan dat als geen ander oppakken.

Maar het belangrijkst: er komt een grasmat op kantoor. Met skyboxen en irritante toetertjes op de achtergrond. Verder wil ik strakke shirts en een shirtwissel na elke kop koffie, veel tatoeages, een bus die iedereen 's ochtends ophaalt bij het spelershotel, douches, voetbalvrouwen en liters scheerschuim waarmee je 'tot hier en niet verder'-lijntjes kunt trekken.

Verder gaat de financiële afdeling borden omhooghouden die aangeven wie eruit moeten en hoeveel extra tijd iemand krijgt, wil ik een dug-out om de koffieautomaat en bhv'ers die met brancards collega's wegdragen.

Maar vergeet ook de reclameblokken tussen de vergaderingen niet – die kunnen de verschillende afdelingen maken – en gefrituurde, gesponsorde hapjes op tafel. We wijzen collega's aan die op de bank moeten en kijken natuurlijk alle wedstrijden samen op grote schermen. Dan hoeft niemand te stressen om op tijd thuis te zijn.

Wordt het dan geen gekkenhuis, hoor ik jullie vragen. Juist niet, lieve mensen. De scheidsrechter is de baas, er zijn twee keer vijfenveertig minuten, er is blessuretijd en als er nog niet genoeg gescoord is, wordt het verlengen en strafschoppen. Ik zie dus allesbehalve gekte. Ik zie de duidelijke structuur waar heel kantoorwerkend Nederland al zo lang naar smacht.

Je zou het bijna jammer gaan vinden als Nederland zich een keer niet heeft weten te kwalificeren.

DE VOETBALTOTO

Iedereen weet dit en het is de grote frustratie van iedere voetbalman: de voetbaltoto wordt altijd gewonnen door de collega met het minste verstand van voetbal – het meisje van de administratie, de dromerige jongen van sales die fluit speelt in de harmonie of de mevrouw van de kantine die altijd te veel aardappelpuree opschept. Mijn tip voor alle voetbalmannen zou dus zijn: óf je vult de voetbaltoto blind of stomdronken in, óf je laat het doen door je twaalfjarige dochter of nichtje. Het nadeel is hooguit dat je hem wint en dat je dan bekend komt te staan als die gast die geen verstand heeft van voetbal, maar je kunt in elk geval wel de hele zaak een rondje geven.

4. DE BRANDOEFENING

Zit je net lekker druk en belangrijk op kantoor, komt er een calamiteitenmelding. En dan bedoel ik geen oefening met bhv'ers die relevant gaan rondlopen met portofoons, maar een echte, waar je voor hebt geoefend. Een toestand. Met evacuatieprotocollen 'op last van politie en brandweer'.

Als het écht gevaarlijk is, maak je je natuurlijk uit de voeten en red je je collega's. Het laatste wat je wilt, is met de hele afdeling verkoold aangetroffen worden in je laatste werkstand. Maar als het allemaal meevalt, zou ik zeggen: zorg dat je erbij bent en ga niet naar huis voordat het voorbij is. Kom er desnoods voor terug van vakantie, zeker als je de baas bent. Je kunt er nog maanden op teren qua sterke verhalen, je kunt de collega's uitlachen die zich voor niets uit de voeten maakten, en je maakt überhaupt een goede indruk.

Daarna zou ik zeggen: lichten uit en sprinklers aan en evacueren maar met de juiste dosis romantiek en avontuur. Ik wil dus een glijpaal van de zesde verdieping naar de begane grond, opblaasslidings uit de ramen en zuurstofkapjes die je eerst bij jezelf en dan bij je chef moet omdoen.

Vervolgens dacht ik aan inspirerende speeches voor in de wachtrijen en knallende ruzies met collega's die weigeren het pand te verlaten. Vergeet ook de collega niet die ontbreekt tijdens het tellen – die al jaren dood is, maar nog op de lijst stond. Verder wil ik veel tegenstrijdige instructies, zodat op het eind toch weer iedereen bij de verkeerde verzamelplaats staat, met een lege telefoon.

Vervolgens gaan we onnodig opschalen. Zenuwachtig bellen dus, over kussens, triagetenten, zandzakken en foliedekens. Vlak daarna komt het moment dat er aan catering en 'iets te drinken' op straat moet worden gedacht. Een paar uur later arriveert iedereen toetertje lazarus bij de sporthal waarvan niemand wist dat die er was en waar een parkietententoonstelling is afgezegd. Vervolgens bedankt de geëmotioneerde ploegleider iedereen tussen de veldbedden en kun je eindelijk zien of het noodaggregaat werkt. De volgende dag komt de evaluatie: we moeten beter communiceren.

Vergeet vooral het leerzame element niet van zo'n calamiteit, namelijk dat je doorkrijgt op wie je kunt rekenen en op wie niet. Wie er blikken bier gaat halen (hartje), wie er in paniek raakt, wie gaat flirten met de brandweermannen en wie de roze koeken opeet. Je kunt ook mooi zien wie de leiding naar zich toe probeert te trekken – in tijden van anarchie ontstaat de revolutie.

Wat dat betreft kan elk bedrijf af en toe best een calamiteitje gebruiken, gewoon om te kijken hoe de hazen lopen. Sterker nog, ik zou zeggen: verstop als baas een keer een tikkende wekker, sluit iedereen een nacht op of laat een muis los: fantastisch voor de sociale cohesie en je bespaart duizenden euro's aan 'teambuilding' op jaarbasis. De uitkomsten kun je in functioneringsgesprekken gebruiken.

Maar het belangrijkste wat zo'n calamiteit losmaakt, is natuurlijk de liefde die vanonder alle zenuwachtige grappen en bravoure naar boven borrelt. De liefde voor kantoor, voor je collega's, voor alles wat je hebt opgebouwd en nooit meer kwijt wilt. Als zo'n bommelding íéts helder maakt, is dat alles van waarde weerloos is, en dat dit de plek is waar jij thuishoort.

5. DE AFSCHEIDSBORREL

Afscheidsborrels vind ik altijd heel moeilijk. Alleen sadisten gaan er graag naartoe. Het drama, de stilte na de grappen die niet grappig zijn, de tranen om een naderend gemis. Maar ook het geleur met de afscheidsenvelop waar uiteindelijk maar dertien euro in zit. De vertrekker die klaarstaat met een opgedofte vrouw en kinderen terwijl er niemand komt opdagen. De saaie speeches omdat er met de beste wil van de wereld niks leuks uit die saaie lul te persen was.

Het gehuichel ook altijd. Als de vertrekker naar een veel leukere baan vertrekt, is iedereen jaloers. Als iemand stom was, mag je dat natuurlijk niet zeggen. En als iemand geweldig was, wordt iedereen weer veel te dronken en te melancholiek om de rest van het jaar ook nog maar iets te kunnen presteren.

En toch zou ik híér al iets belangrijks over afscheidsborrels willen zeggen, namelijk: hoe verschrikkelijk ze ook zijn, ze zijn wel heel belangrijk. Zowel voor de vertrekker, die een totaal zinloos tijdperk nog enige zin moet geven, als voor het bedrijf om te laten zien wat voor bedrijf het wil zijn. Alleen een fatsoenlijk en ruimhartig bedrijf gunt mensen een waardige aftocht. Toon mij uw afscheidsborrels en ik zeg wat voor bedrijf u bent.

Daarom zeg ik: geef iedereen en dan bedoel ik dus ook iedereen, een knalafscheid met een gouden horloge. Ook voor de wanhopig slechte jaarcontractant die er maar drie maanden zat. Laten we er professionals op zetten. Nederland zit vol met kwijnende zzp'ers: zet die boven op de hoofdgast en laat hen leuke dingen bedenken, foto's maken en wijn en happen organiseren. Laat het zaakje desnoods sponsoren met mojitobarretjes en champagnefonteinen. Dan komt iedereen.

Verder regelen we eindelijk eens een goede speechert. Ik wil geen stamelende managers meer zien die tien minuten van tevoren nog even het LinkedIn-profiel van het slachtoffer hebben gegoogeld, nee, ik wil iemand die de ontroering naar de traanklieren brengt en het meest onbeschofte dronkenmansgeroezemoes doet verstommen. Elk bedrijf heeft iemand die dat kan. Zorg dat déze persoon fulltime voor alle speeches wordt vrijgesteld. Bel anders Oprah Winfrey.

Vervolgens zorgen we dat er iets te huilen valt. Is er niets ontroerends te bedenken, verzín dan iets. De vertrekker zal echt niet protesteren, die is allang blij dat er een mooi verhaal is. Verder moet er veel worden geslijmd, maar pas op:

niets zo pijnlijk als uren de loftrompet over iemand steken die vervolgens weg moet. Vertel dus gerust dat hij altijd te veel vakantie opnam, dat hij als wachtwoord fuck69Henk (de baas) heeft en dat hij op zondag altijd het voetbalclubblad kopieert op de zaak.

Bel de ouders voor details uit de oude doos. Laat het hoge haar zien dat ze droegen, laat zien dat ze vroeger überhaupt haar hadden, laat zien dat ze ooit een figuur hadden. Gegarandeerd dat je dan nooit meer iets van hen hoort.

Want ook dát is de afscheidsborrel: wat was het mooi, maar weg is weg.

DE VIJF DINGEN DIE JE NIET MOET ZEGGEN OP EEN AFSCHEIDSBORREL:

1. Niet te veel complimenten voor de vertrekker. Je wil niet dat hij ineens zegt: 'Hé, maar dan blijf ik toch?'
2. Ga ook niet te veel zitten slijmen, anders loop je kans dat de toehoorders jaloers worden en dan heb je dat weer.
3. Zet de vertrekker dicht bij de alcohol. Dit is je laatste kans op de roddels/geheimen die je hem of haar altijd al probeerde te ontfutselen.
4. Hoor de partner en kinderen van de vertrekker uit. Zie hierboven.
5. Begin je speech nooit met 'we weten allemaal nog dat Theo ooit...'. Kom op zeg, dat weet echt niemand meer.

2 OMGAAN MET COLLEGA'S

Pijnlijke stiltes, collega's die je wel kunt schieten zo irritant en mensen die zo indrukwekkend zijn dat je ze niet in de ogen durft te kijken: omgaan met collega's is vaak een mijnenveld, een wespennest waar je bont en blauw geprikt uitkomt door allerlei ongemakkelijke en totaal ongewenste sociale interactie – daar wil ik ook eerlijk over zijn. Je hebt zomaar iets verkeerds gezegd, en voor je het weet zit je met een haatdragende vloek boven je flexplek waar je nooit meer vanaf komt, of erger nog: is er iemand verliefd op je en dat moeten we al helemaal niet willen met z'n allen. Daarom in dit hoofdstuk wat tips hoe je met ze omgaat, met al die collega's met ieder weer een andere gebruiksaanwijzing.

Korte samenvatting: zolang er mensen onaardig tegen je zijn, tel je nog mee.

1. OMGAAN MET EIKELS

Ben je jarig en sta je je taart uit te pakken, staat hij al klaar om een stuk naar binnen te schuiven. Hij betaalt nooit op de borrel, declareert de kosten voor zijn vaste telefoonlijn thuis, staat altijd vooraan als er gratis spullen worden uitgedeeld – en als de baas er niet is, gaat hij een uur eerder naar huis.

Iedereen heeft er zo een: zo'n collega die alles, maar dan ook álles uit kantoor zuigt wat erin zit. Zonder daar ook maar iets voor terug te doen. Het irritante is dat iedereen zich aan hem ergert, maar niemand iets doet. Jij dus ook niet. Maar je droomt 's nachts wel van genadeloze bloedwraak, vierendelen, castratie en kielhalen.

Wat níét werkt: hem erop aanspreken. Of hem proberen te veranderen, op te voeden. Want dan zit je alleen maar nodeloos je nagels in je handpalmen te drukken terwijl hij je schaapachtig staat uit te lachen.

Het enige dat dus overblijft: subtiele hints. Dus haring of sushi achter zijn boekenkast verstoppen, een taart in zijn gezicht drukken, zijn bureau op het toilet zetten, of met Bison Kit zijn stoel aan het plafond plakken.

Maar ook mails naar hem sturen in de categorie 'slagroomtaart in de vergaderzaal' en dan de deur op slot doen als hij daar is aanbeland. Rustig een paar uur laten zitten. Of mailen dat er gratis toiletrollen zijn af te halen op je bureau en dan niet-begrijpend kijken als hij voor je staat.

Wat ook leuk is: overvoeren. Dus juist héél veel taart voor hem klaarzetten, drie of vier keer per dag, en hem dan aanmoedigen het op te eten. Of grote partijen gratis spullen voor hem opstapelen op pallets zodat hij echt met tassen vol naar huis moet en vier keer moet rijden of een vrachtwagentje moet huren.

Wat ook kan: leuke dingen organiseren als hij weg is. Of tegen hem zeggen dat hij morgen twee uur later kan komen als er een belangrijke vergadering is. Verder moet je natuurlijk veel belangrijke beslissingen nemen als hij er niet is. Over het vakantieschema bijvoorbeeld: 'Ja, jij was er niet gistermiddag om halfvier. Dus we gingen ervan uit dat jij op nieuwjaarsdag wel vanaf zeven uur 's ochtends kon werken.'

Maar het best werkt misschien toch wel: een dure privécursus zen volgen, je sereniteit aanboren en het hem proberen te vergeven. In je familie heb je ook moeten leren leven met die ene oom die altijd als eerste bij het buffet staat en dan alle gamba's opschept. Bovendien is het ook best fijn dat iemand op kantoor alle rotzooi meeneemt.

2. OMGAAN MET DE MENSEN VAN DE TECHNIEK

Iedereen kent ze: de momenten waarop de techniek hapert, je de stekker uit frustratie al hebt opgegeten en je het liefst in een kuil wilt zakken. Als je computer crasht en je nog een punt moet maken. Als er rook komt uit je PowerPoint en er tweehonderd man in de zaal zitten te wachten. Als je filmpje niet beweegt tijdens je pitch en daar nou net alles van afhing. Als je telefoon doodgaat. Of als je na het tikken van zevenentwintig bladzijden weer eens in slaap bent gevallen met je neus op de deletetoets.

Dat zijn de momenten waarop je hen belt: de jongens en meisjes van de techniek. Alles fixen ze voor je: je harddrive, je statistieken, je reputatie, je vertrouwen. Zeker in een wereld van alfa's die het verschil tussen een oplader en een TomTom al lastig vinden, is techniek de graal waaruit slechts een paar goden kunnen drinken – ze zijn de *ghostbusters* van kantoor.

Maar waardering zie ik ze zelden krijgen. Ja, in de eerste tien seconden nadat ze de blinde paniek hebben opgelost. Dan krijgen ze wel eens een kop koffie of een halfslachtige Snickers toegeschoven. Maar verder vind ik dat er maar slordig met hen wordt omgesprongen. Ze zitten vaak alleen in de kantine en staan apart op borrels – hoewel dat natuurlijk ook kan komen doordat ze met hun truien, staarten, baarden en brillen een ondoordringbaar kluwen vormen. Maar dat is mijn punt niet. Mijn punt is: we zouden hen best wat meer kunnen eren.

Hoezo waardering, hoor ik wel eens, het is toch hun werk? En kom op zeg, ze gebruiken woorden als compatibiliteitsweergave, spam run, mailomgeving, contractmigratie en accountsynchronisatie in volstrekt onbegrijpelijke mails die je altijd zo snel mogelijk moet weggooien.

Ze zijn ook best eng, omdat ze in de krochten van je digitale geweten kunnen kijken. Alles zien ze – je pikanterietjes, je mislukte flirts, de mails naar je moeder en je boodschappenlijstjes. En ze kunnen je dronken naaktfoto's online zetten.

Ik zou zeggen: dat is geen reden om hen niet te verheerlijken. Ik zie dat eerder als een welkome secundaire arbeidsvoorwaarde voor hun monnikenwerk: zij onze geheimen, wij de verlossing. Want ze hóéven niet te werken. Die gasten hebben natuurlijk allemaal een lucratieve ICT-business *on the side*. Ze zien dit werk als roeping. Des te meer reden om hen eens flink in de zon te zetten.

We gaan dus allemaal een technische opleiding op

TU-niveau volgen, gewoon om eens een praatje met hen te kunnen maken. Verder roepen we een techniekdag in het leven – vergeet secretaressedag – en krijgen ze allemaal een nieuwe auto en concertkaarten voor een optreden van hun favoriete band (vaak metal), én we gaan met hen douchen, zoenen en trouwen. We gaan met hen naar de kapper. Het zijn goden, mensen.

Goden die voor je werken, moet je aanbidden.

3. OMGAAN MET COLLEGA'S DIE OP EEN COMPLEET ANDERE GOLFLENGTE ZITTEN

Ik krijg er vaak vragen over. Of ik ze óók heb, van die mensen die voortdurend op een andere golflengte zitten? Die terwijl jij druk bent ineens, zonder goedemorgen te zeggen, oeverloos gaan staan oreren over de ontstaansgeschiedenis van de euro? En dat je geen idee hebt wat ze willen, waarom, en dat het heel lang duurt?

Die midden in een vergadering over de nieuwe targets ineens een verhaal over Hegel beginnen. Of over Bangladesh, vouwwagens of Hans Wiegel. Het valt stil. Wat? Je ziet je collega's wegglijden. De een gaat schuiven, de ander maakt in gedachten een tropische strandwandeling, en de derde maakt vieze vingers op zijn telefoon. En jij... jij bidt vurig dat je niet de slappe lach krijgt. Niet gek dus dat mensen me vragen: hoe ga ik met dit soort collega's om?

Er waren tijden dat ik er vol inging. En steeds heel

verontwaardigd riep: 'Hela hola! Daar hádden we het helemaal niet over, vriend!' Maar dat werkte nooit. Zulke mensen zijn treinen die niet te stoppen zijn. Wat ook niet werkt: hopen dat ze snel op een doodlopende zin stuiten en hun verhaal afronden. *Not goin' to happen*.

Het makkelijkst is wegduiken achter de planten als ze eraan komen. En als je écht niet meer om hen heen kunt, zorg dan dat je altijd iets bij je hebt om te doen. Een sudoku, een minnaar om mee te whatsappen of een maquette om aan te knutselen.

Even je rust pakken.

Wat ook kan, is dit soort mensen als uitheemse diersoort bekijken. Wat zou er in dat koppie omgaan, denk je terwijl je hen lekker hun verhaal laat afmaken over Friese doorlopers. Zou hij wel eens quinoa eten, wat heeft hij eigenlijk een grappig shirt aan voor een man van negenenvijftig. Dat maakt tevens dat je vriendelijk kunt blijven lachen en het oponthoud slechts minimaal je energie opeist.

Toch zou mijn advies zijn: pak gewoon even lekker zélf de vloer. Als hij voor jou op een andere golflengte zit, dan jij ook voor hem. Dus met dezelfde ongevoeligheid waarmee hij over meststoffen begint, kun jij rustig een ode aan de rookworst ten beste geven, of begin over worteltaart: 'Ik vroeg me af: amandelmeel of bloem?'

Het hoeft ook niet te kloppen, hè, hij hoort je toch niet echt, dus je kunt ook zeggen dat je een loonsverhoging van vierduizend euro per maand hebt gekregen, een vintage

Porsche hebt gekocht of je hond roze hebt geverfd. Maak het leuk voor jezelf.

Maar bovenal: probeer hem niet te haten. Want héél af en toe, al is het maar eens in de 13.609 keer, komt hij op een zijspoor dat daadwerkelijk iets oplevert. Of kom jezelf ergens, omdat je eigen gedachten tijdens zijn verhalen zo ver wegglijden, dat je op mentale plekken stuit waar je nog nooit eerder was.

DOE JE VOORDEEL MET COLLEGA'S DIE OP EEN ANDERE GOLFLENGTE ZITTEN

Ik vind collega's die op een andere golflengte zitten soms best handig. Omdat je van alles op hen kunt uitproberen zonder dat ze een reactie geven. Ik gebruik hen dus vaak om afscheidsspeeches op te oefenen, presentaties, mijn laatste verleidtips, slechtnieuwsgesprekken en salarisonderhandelingen. Het voordeel: je hebt het idee dat je iemand tegenover je hebt, maar je hoeft niet bang te zijn dat ze cruciale of vertrouwelijke informatie lekken, want ze horen toch niet echt wat je zegt.

4. OMGAAN MET INDRUKWEKKENDE COLLEGA'S TEGEN WIE JE NIETS DURFT TE ZEGGEN

Je was net lekker bezig. Kijk jezelf shinen. Supergoeie brainstorm dit, met de collega's lachend en ontspannen aan je lippen. Een relaxte high five, een strategische knipoog, en alles even sexy doch gecontroleerd en superprofessioneel allemaal. Tot hij binnenkomt. En er alleen nog maar natte onzin en stomme poep uit je komt.

Ik weet niet hoe het met jou is, maar ik heb er een: zo'n collega van wie je zó onder de indruk bent, dat je alleen maar kunt zwatelen als hij in de buurt is. Zo iemand van wie je kramp in je nek krijgt van het tegen hem of haar opkijken. Zo iemand die je in een soort uittreedfase doet belanden waarin je boven je lichaam komt te zweven en jezelf kunt horen praten. En dat er dan niets meer valt bij te sturen.

Het irritante is dat niemand hetzelfde probleem met die collega lijkt te hebben. Kijk hem lachen met de bitchy bitch. Kijk hem ontspannen overleggen met de stagiair. Iedereen kan met hem opschieten, behalve jij.

De vraag is: hoe ga je met zo iemand om?

Wat níét werkt: denken dat het vanzelf overgaat. Want dat gaat het niet. Ook al ken je hem honderd jaar en heb je inmiddels honderdvijftig man of een hele bedrijfstak aan je voeten, altijd zul je slappe knieën houden als hij iets tegen je zegt.

Wat ook niet werkt: joviaal doen, grappen maken of – helemaal dodelijk – improviseren. Wat je ook probeert, je ruggengraat zal altijd in natte spaghetti veranderen als hij iets tegen je zegt. Helemaal gevaarlijk is alcohol. Het laatste wat je wilt, is je misselijkmakende onzekerheid mengen met overmoed.

Niet. Doen. Dus.

Wat voor mij wél goed werkt: onversneden, fysieke pijn. Dus even heel hard op het puntje van mijn tong bijten als hij iets tegen me zegt. Eraf mag ook. Of vlak voordat ik hem moet spreken even een nietje in mijn arm rammen. Of de schaar goed diep in mijn bovenbeen, en dan een kwartslag draaien. Of mijn nagelriem inscheuren, een kies trekken. Tip: houd altijd een verbandgaasje bij de hand. Pijn is geweldig als je onzeker bent, een ijskoude douche. Het maakt je alert en maakt je hoofd in één klap helder.

Maar het allerbest is natuurlijk niets zeggen, nooit, tegen deze collega. Dus als hij iets vraagt, kijk je interessant terug en loop je onaantastbaar weg. Denk aan Clint Eastwood.

Of als je echt iets móét zeggen: houd het kort, superkort. Maar dan ook echt secondewerk, staccato. Zonder eh en met een duidelijke punt. Niet uitweiden of denken 'ik ben er bijna, ik kan me nu wel even een blik omhoog veroorloven, of een glimlach'. Nee. Zo snel mogelijk afronden, knikje naar de schoenen, stapje terug, draaien (niet vergeten te draaien!!) en maken dat je wegkomt. Stuur hem anders een e-mail.

Het is zo belangrijk om op kantoor je zwakheden te kennen.

5. OMGAAN MET VEERTIGERS IN DE KANTOORJUNGLE

Zelf ben ik een blakende veertiger die eruitziet als vijfentwintig, al vele veelbelovende promoties heeft gemaakt en nog fluitend vijfendertig jaar mee kan bij het bedrijf – bij andere mensen bespeur ik veel onzekerheid over hun carrière. Wanneer ben je officieel *over the hill* in de kantoorjungle en wanneer is het écht te laat om er nog iets van te maken?

Grofweg zou je kunnen zeggen dat je je tot je zevenentwintigste niet te veel zorgen hoeft te maken. Je kunt hoody's dragen, veel te korte rokjes, het kindvrouwtje spelen of de toffe gast – je wordt toch niet serieus genomen.

Pas rond je vijfendertigste wordt het zaak eens iets op je naam te gaan zetten – een nieuwe vergadertijd, een boekje, een nieuwe afdeling, een start-up. Het maakt overigens niet uit of dat een succes is geworden, als je het maar hebt gedaan. Als je op je vijfenveertigste nog niets hebt neergezet of bent gepromoveerd, kun je het verder vergeten op kantoor en kun je je beter laten omscholen tot boswachter.

Zolang er mensen onaardig tegen je zijn, tel je nog mee. Hoe meer mensen onaardig tegen je zijn, hoe belangrijker je bent. Als alleen de baas nog maar aardig tegen je is, ben je *over the hill*.

Twintigers en dertigers die aardig zijn, tellen niet, die willen iets van je. Als je veertigplus bent en niet verzuurd, bitchy, vermoeid of een eikel, dan deug je. Veertigers die lief zijn, kun je met een gerust hart de baas van iets maken.

Rond je vierenveertigste zit je op je top. Je weet eindelijk een beetje hoe het kopieerapparaat werkt, hebt de gebruiksaanwijzing van de meeste collega's om je heen uitgevogeld en hebt een prettige manier gevonden om te zeggen dat iemand een enorme klootzak is.

Aardige veertigers zijn de leukste collega's: ze kunnen alles, ze snappen je humor en ze zeuren het minst. Jongere collega's zijn altijd bezig met de zin van het leven en hun burn-out (terwijl ze dus geen FUCK te doen hebben verder), het enige dat oudere collega's nog willen, is met hun fiets met aandrijfmotor de Veluwe op of met een camper door Spanje.

De tragiek van veertigers is dat de wereld het op hen heeft gemunt. Als ze mazzel hebben, zitten ze in hun eerste scheiding, maar niet zelden is daar ook de spanning van het samengestelde gezin bij gekomen.

Daarbij volgen veertigers vaak een opleiding omdat ze

Gedoe in je leven

leeftijd	
60-70	Geen gedoe meer
50-60	Boot
40-50	1^e scheiding, wasmachine kapot, vader dement, piercing dochter, haaruitval, prestigieuze master, impotentie, 2e scheiding, overgang komt eraan, tophypotheek, slaapgebrek, verwachtingen, brandend maagzuur, dochter alleen naar Salou, vrouw knipt haar af, te veel wijntjes, verbouwing, minnaar wil meer aandacht, kan eerste huis niet verkopen, lastige stiefdochter, zoon blowt veel
30-40	Eerste kind
20-30	Etentjes met vrienden
10-20	Hormonen
0-10	Sinterklaas

er anders over een paar jaar uit worden gekegeld, hebben ze altijd een verbouwing die uitloopt omdat ze hun eerste huis niet kunnen verkopen en heeft hun vrouw ineens heur haar in een kort, degelijk kapsel geknipt. En maar knallen op je werk, terwijl je minnaar loopt te klagen, je vader dement is en je puberdochter loopt te sletten met de zanger van een hardrockband. En ondertussen al die representatieve etentjes uitzitten.

De grootste vijand van de overbelaste veertiger is het jonkie dat ineens keihard carrière gaat lopen maken. Mensen van zevenentwintig die minister worden. Of hoofdredacteur. Iemand van achtendertig die premier wordt, ook al is het maar een Belg, heel irritant. Tegen die mensen zou ik willen zeggen: hou daar eens mee op. Jullie zorgen voor enorm veel onrust en voor jullie is het ook niet leuk als je je hoogtepunt al rond je dertigste hebt gehad.

Veel beter is het om af te spreken dat niemand voor zijn negenenvijftigste carrière mag maken en dan hooguit tot vijfenzestig. Dan kun je daarna nog twee jaar afbouwen en iedereen komt een keer aan de beurt. Verder helpen de ouderen en de jongeren de veertigers een beetje met oppassen, opvoeden en support, maken we elkaar niet te gek en brengen we per ongeluk de mooiste dingen tot stand.

Iedereen een carrière.

3 REIZEN, TREINEN EN LEASEAUTO'S

Voordat je op kantoor bent, heb je er vaak al een heel leven op zitten. Treinen, files, verkeerschaos – het is elke dag weer een wonder dat iedereen überhaupt op kantoor arriveert.

Daarom in dit hoofdstuk wat tips hoe je de spits doorkomt, welke leaseauto je het best kunt kiezen, hoe je die ene collega ontwijkt met wie je niet in de trein wilt zitten en hoe je je gedraagt op reisjes van de zaak.

Korte samenvatting: ik wil minder vouwfietsen in de treinspits.

1. HOE OVERLEEF JE DE TREINSPITS?

Er waren tijden dat je in alle rust en blijheid met een krant-je-croissantje naar je werk kon treinen – reikhalzend op weg naar veelbelovende functies, met lome akkers eindeloos aan je voorbij loungend.

Die tijd is voorbij.

Tegenwoordig storten massa's in rotten van duizend zich als hooligans op smerige, vertraagde treinen in de spits, allemaal tegelijk op weg naar uitzichtloze kantoren, met grote bakken friet met pindasaus op schoot. Treinforenzen is een keiharde *struggle* om het bestaan geworden. Niet voor niets vragen mensen me: hoe overleef ik de spits met de trein?

Allereerst zou ik zeggen: reis voor vijf uur 's ochtends en na tien uur 's avonds. Ik heb daar goede verhalen over gehoord. Lukt dat even niet, laat dan het idee los dat je de spits doorkomt. Je komt er niet door, je komt eruit. Als je mazzel hebt.

Vergeet ook dat geleuter over waar je het best kunt gaan staan op het perron en hoe je de deuren moet aanvliegen in de hoop op een plekje – het is allemaal onzin. Zie de spits als een roulette waaraan je spanning kunt beleven en waar je misschien de dood in vindt. Zoek het gevaar dus op. Vraag de gevaarlijkste hooligans of Hells Angels of je naast hen mag zitten, gewoon omdat niemand anders durft te vragen of ze hun tas opzij willen zetten, en zoen de conducteur. Ook uit respect.

Zit je eindelijk eens naast een 'normaal' iemand (bijna altijd een beleidsmedewerker), kijk dan zo veel mogelijk mee op computer- en telefoonschermen en neem deel aan de communicatie. Praat terug, bemoei je met ruzies over salaris, noteer mee met gesprekken zodat je na afloop op de details kunt ingaan. Mensen die praten in de stiltecoupé, daar kan een pot rode verf overheen.

Dan wat tips voor de NS. Koffers doen we niet meer, toeristen nemen maar een taxi en Fransen zijn sowieso niet meer welkom in de trein. Verder moeten er coupés komen voor single mensen omdat getrouwden saai zijn, en moeten de ramen gewoon weer open kunnen zodat je er honden uit kunt gooien. Deprimerende mensen die bij deprimerende stations instappen, betalen een flinke toeslag.

Dan nog even een paar woorden speciaal voor de vouwfietsers: lieve mensen, iedereen haat jullie. Even afgezien van de thermosflessen, de windjacks en de rugzakken: doe even normaal. Doe niet net alsof een vouwfiets prima is in de trein. Jullie staan onwijs in de weg, man! Met je dertig kilo staal voor ieders schenen. Ik stel voor: óf we zien jullie nooit meer in de spits, óf jullie krijgen standaard pek en veren en een omroepbericht in de categorie: 'In rijtuig 4345 stapt een lul met een vouwfiets in.'

Weet je, alles zou al veel beter zijn als de trein je gewoon thuis kwam ophalen. Ik stel daarom voor dat je zelf kunt bepalen waar de trein stopt. Verder wil ik op het werk meer ruimte om te klagen over je treinreis en wil ik 250.000 man minder in de spits. Op dagbasis. Dus meer asfalt.

Het is allemaal niet zo ingewikkeld, mensen.

2. HOE GROOT IS JOUW LEASEAUTO?

Zelf heb ik nog nooit een leaseauto gehad omdat mijn baas me altijd haalt en brengt in zijn Audi A8. Maar vanuit andere kantoorjungles begrijp ik dat de auto van de zaak een enorm dingetje is waar ik toch écht eens advies over moet geven. Ik heb dus een paar experts gebeld en daar gaan we dan.

Ten eerste: de leaseauto is op zijn retour. Bedrijven bieden niet meer tegen elkaar op met auto's zoals vroeger, en jonge collega's met baarden zal het vaak aan hun reet roesten of ze een auto krijgen – de stoerste gasten hebben sowieso geen rijbewijs.

En tóch staan er nog elke dag miljoenen mannen van rond de vijfenveertig met hun lichtmetalen velgen in de file te glimmen. Dat komt: zij zien de auto als waardering van de baas, als hét accessoire om te laten zien wat je waard bent op kantoor. Als het om echte mannen gaat, heeft een auto natuurlijk niets met een piemel te maken, behalve dan dat hij erin moet passen, maar veel mannen denken daar heel anders over.

Ik zeg steeds 'mannen', want ik ken eigenlijk bar weinig vrouwen die het iets uitmaakt hoe groot hun leaseauto is, of ze leren bekleding hebben en of de AutoRAI dit jaar nog doorgaat. Het maakt vrouwen meestal ook weinig uit waar een man in rijdt, zolang hij maar niet té veel kinderzitjes achterin heeft en de kont er niet te veel uitziet als een vierkante frietkraam – ik heb dit uiteraard nagevraagd.

Mannen daarentegen hebben de neiging om aan te slaan op auto's, dat is iets instinctiefs, net zoiets als dat er niet meer met hen te praten valt als er een decolleté in beeld is.

Als je een kleintje hebt, ben je dus jaloers op de jongens met een grote, als je zelf een auto mag kiezen, ben je belangrijker dan wanneer je een auto 'uit de poule' hebt gekregen. Het is natuurlijk superer als je moet rijden in de auto van die sukkel die net ontslagen is en die altijd zijn snotjes onder aan de stoel veegde en er met zijn lunchbuik in zat te ruften.

Er blijkt ook een rangorde in autokleuren te zitten. De *topdogs* hebben een zwarte of donkerblauwe – uiteraard glimmend. Verder grote, brede banden, chromen accenten, en natuurlijk een Duitse – Kia of Skoda kan echt niet. En dan is er nog het hele elektrische verhaal: rijd je een laffe Outlander, dan tel je minder mee dan in een degelijke diesel. Een snelle benzinemotor blijft natuurlijk de bom (*no pun intended*), maar is weer heel duur door de fiscus.

Het dichtst in de buurt van een kek wagentje dat nog nét mag van de belastingdienst is een Alfa, maar laten we wel wezen, 'dat is eigenlijk gewoon een handtas en geen auto', zeggen mijn bronnen.

Toch is alles beter dan géén auto in deze kringen. Met een fiets kun je immers je rolkoffer met alle spullen voor je flexplek niet meenemen. 'Alsof je op fietsvakantie gaat,' zegt een echte man hierover.

En dan is er nog de parkeerplaats, *holy shit*, die is zo mogelijk nóg belangrijker dan die hele auto. Wie binnen het hek mag en wie buiten. Dus: hoe dichter bij de ingang, hoe groter de piemel. Als sommige mannen moeten kiezen, hebben ze liever een parkeerplaats dan een auto.

Verder heb je nog het hele circus van de bijtelling (snapt iemand dat?!?), voltanken vlak voor de grens op kosten van de baas en creatief boekhouden met ritjes naar IKEA, de Efteling, Pinkpop en de Franse Alpen om je privékilometers kloppend te krijgen.

Jongens, ik denk dat jullie de conclusie al wel voelen aankomen: we stoppen gewoon lekker met die leaseauto's. Het is te veel gedoe geworden en mannen worden er de dupe van. Ik stel daarom voor dat de baas zijn mensen gaat ophalen in busjes en door het land gaat rijden als ze dan per se ergens heen moeten. Het moment is nu, het klimaat gaat er ook van naar de knoppen. De leasebak kan er geruisloos achteraan.

PARKEREN

De meeste parkeergarages bij kantoren zijn net satanische videogames: je kunt er niet in of uit zonder schade te rijden. Elke bocht is een potentieel schademoment. Ik ken portiers die hun plek achter de surveillancecamera's in garages verhuren aan mensen die het leuk vinden om naar auto's te kijken die tegen paaltjes en slagbomen aanrijden – met popcorn en al. Ik hoor steeds vaker het gerucht dat parkeergarages worden gebouwd in overleg met schadebedrijven. In sommige parkeergarages hangen al reclameborden met daarop de tekst 'deze deuk wordt u aangeboden door de Bovag'.

3. HOE ONTWIJK JE DIE ENE COLLEGA MET WIE JE NIET IN DE TREIN WILT ZITTEN?

Eindelijk, eindelijk loop je naar het station en je droomt al van je stiltecoupé met dopjes in je oren, grazige weilanden en je smartphone. Maar op het perron zie je al van verre die ene collega staan tegenover wie je nou net níét had willen zitten. Dit wordt weer een uur lang beleefd verhalen aanhoren over zijn kleinkinderen, zijn plasproblemen en koekoeksklokken. En als hij dan is uitgepraat, moet jíj het gesprek gaande houden.

Ik weet niet hoe het met jou is, maar ik heb er altijd een: zo'n collega met wie je gewoon niet samen wilt reizen of een stukje mee wilt oplopen. Omdat je het gewoon niet kunt opbrengen. Het ergst is dat je vermoedt dat hij ook niet met jou wil praten. Toch breekt geen van jullie de conventie door te zeggen: 'Ik zie je morgen, oké?' Je stapt toch met elkaar in.

Ik ken collega's die allerlei slinkse routes verzinnen en kilometers van omtrekkende bewegingen maken om dergelijke types te vermijden. Of die een hele dag bij een ander bedrijf gaan werken om hem of haar maar niet tegen te komen. Niet gek dus dat mensen me vragen: hoe ga ik met zo'n situatie om?

Het makkelijkst is natuurlijk: jezelf onzichtbaar maken met bivakmutsen, pruiken en dodebomenmedia op tentdoekformaat voor je uitvouwen met ooggaten erin. Wat ook kan: je telefoon non-stop aan je oor houden en er druk in praten met fictieve Franse of Russische gesprekken. Zet dan wel je ringtone uit.

Toch werkt uiteindelijk voor mij het best: opschakelen en dan doorpakken. Dus in plaats van wegschieten, ontwijken en omlopen er juist bovenop springen. Maar dan ook ECHT HELEMAAL. Met enthousiaste begroetingen en heel hard praten en armbewegingen. En flink doorvragen.

Foto's van die kleinkinderen bekijken bijvoorbeeld – en dan vragen of er nog iets aan die oren te doen valt. Of over die plasproblemen – of hij ook stukjes in zijn urine heeft. Over zijn relatie en dan steeds flink op de details gaan zitten. Of ze een elektrische deken hebben, of zijn vrouw een nachtduster draagt, of er al sprake is van een kunstgebit. Verder werkt praten over aambeien, incontinentieluiers en huiduitslag in de schaamstreek ook heel erg goed.

En als dat allemaal niet werkt: verhuizen, jezelf klonen, duizenden euro's in een auto met parkeerplaats investeren of toch die andere baan.

Op kantoor is alles een kwestie van prioriteren.

4. DIENSTREISJES VAN DE ZAAK

Je hebt van die bazen die hun personeel de hele wereld over jagen. Congressen in San Francisco, seminars in Bangalore, conferenties in Tokio, beurzen in Cannes.

Even afgezien van het feit dat ik nooit precies weet wat nou het verschil is tussen een congres, een seminar, een conferentie en een beurs: mijn baas is er ook zo eentje. Die heeft het liefst dat ik 24/7 voor de zaak *on the move* ben, vliegtuig in, vliegtuig uit. Om *proposals* te pitchen, *opportunities* te *createn* en me volledig te *committen* aan de branding van onze brand. Ik praat nu even Engels omdat dat natuurlijk de taal is van de *international business performance arena.*

Jongens, Ik doe het natuurlijk allemaal voor de zaak, maar zelf vind ik dienstreizen vreselijk. Dan zit ik op zo'n terras aan de Côte d'Azur achter een witte bourgogne keihard te netwerken – terwijl ik dus ook tussen mijn collega's op kantoor had kunnen zijn. Alsof je in je eentje op schoolreis gaat.

Ik kijk wel om me heen hoor, naar de leuke jonge mensen met wasborden die een stuk knapper zijn dan wat ik doorgaans op kantoor zie langskomen. Maar ondertussen zit ik de kroketten, de gamellen, de bierbuikjes en de zoete witte wijn *zu Hause* enorm te missen. En als John de Mol dan de trossen van zijn jacht losgooit en een champagne voor me inschenkt, ga ik bijna dood van heimwee naar die koppies, ook al zit ik ondertussen een miljardendeal voor ze binnen te harken.

Maar de belangrijkste bedenking die ik heb bij dienstreizen: hoe nuttig zijn ze nou helemaal? Ja, zelf werk ik me helemaal de tyfus tussen de polonaises, galavoorstellingen en Michelinsterren door. Maar van anderen op dienstreis krijg ik af en toe de indruk dat de prioriteit eerder ligt bij zonlicht, alcohol, nicotine en de vleeschelijke lusten.

Wat je daardoor vaak ziet, is dat dienstreisjes eigenlijk nooit in Petropavlovsk, Kontich, Hoogeveen of Donetsk zijn. En als ze dat wél zijn, wordt het heel praktisch gevonden om even te videoconferencen. Maar zodra het op de Antillen of Fiji is, moet iedereen er ineens wel LIVE bij zijn, bij al die houterige sprekers met hun slechte Engels en houterige motoriek. Verder wordt een dienstreis die door een farmaceut is betaald relevanter gevonden dan een dienstreis die het bedrijf helemaal zelf moet betalen en zijn seminars over longaandoeningen nooit op een bedrijventerrein in Waddinxveen, maar altijd in luxe wintersportoorden – ik denk omdat daar veel frisse lucht is.

Ook zoiets: mensen die terugkomen van een dienstreis. Die lopen altijd te bruisen van de onhaalbare ideeën dat we het 'allemaal helemaal anders moeten gaan doen' en het kost vaak weken om hen weer rustig te krijgen. Alles bij elkaar denk ik: hadden we niet beter thuis kunnen blijven, de toespraakjes op YouTube kunnen knallen en er dan even een kwartiertje over kunnen mailen?

Wat mij dus een veel beter idee lijkt: als we gewoon lekker met het hele kantoor op dienstreis gaan. Dan maken we er een korte vakantie van en kost het ook geen vakantiedagen – over synergie gesproken. Bijkomend voordeel is dat de trouwringen dan niet meer af hoeven bij het boarden en dat we met elkaar op de kamer kunnen – want iedereen weet al wie er getrouwd is en wie niet.

En dan kopen we drie kilo Toblerone op het vliegveld, testen we in zo'n Spaans stadje aan lange tafels welke fles afwasmiddel het langst meegaat en halen we alle jaartargets in één week binnen. De lul van sales blijft thuis omdat er íémand op de winkel moet passen. Hij kan dan op dienstreis als wij terug zijn.

Zo worden dienstreizen voor iedereen leuk en nuttig.

DE VIJF DINGEN DIE JE NIET MOET DOEN OP EEN DIENSTREIS:

1. Zet geen foto's van zwembaden en stranden op Twitter, maar foto's van saaie PowerPoints.
2. Zorg dat deze foto's niet te scherp zijn, anders kunnen ze thuis lezen dat je bij willekeurige presentaties hebt gefotografeerd.
3. Beantwoord je mails van kantoor nooit tijdens kantoortijden, maar altijd na vier uur 's nachts als je uit de kroeg komt. Dan lijkt het alsof je tot diep in de nacht hebt doorgewerkt en loop je minder kans dat je nieuwe opdrachten krijgt.
4. Kom nooit van een congres terug met plannen voor je eigen afdeling, anders moet je ermee aan de slag.
5. Vergeet nooit je trouwring om te doen als je weer op Schiphol landt.

4 AMBITIE EN CARRIÈRE IN DE KANTOORJUNGLE

Doe gewoon je stinkende best (vieze metafoor trouwens) en dan komt het vanzelf goed met je carrière – ik heb lang gedacht dat het zo werkte op kantoor, maar helaas, zo werkt het dus niet. Daarom in dit hoofdstuk wat tips hoe je jezelf het best kunt profileren, hoe je omgaat met ambitie en wat je niet moet zeggen tijdens je sollicitatiegesprek.

Korte samenvatting: koop een dossiermap en ga ermee rondlopen. En: de meeste ambitie gaat vanzelf weer weg.

1. HOE GA JE OM MET AMBITIE?

In Nederland hebben we het niet zo op ambitie. Ambitie, hou eens op. Niets zo irritant als iemand die naast je zit te borrelen van de ambitie terwijl jij je werk probeert af te krijgen.

Er zijn allerlei vormen van ambitie. Zo is er de Blinde Ambitie die niet weet waar ze heen wil en alles vernietigt als een tornado, de Gefnuikte Ambitie die dolken in ruggen stoot, en de Stille Ambitie die jaren brandt als een waakvlam en dan ineens het hele bedrijf affakkelt. Ambitie is een soort werkgerelateerde variant van de rammelende eierstokken. Je kunt er pas iets mee als je momentum hebt en draagvlak.

En waar leidt ambitie nou helemaal toe? Er zijn maar heel weinig mensen die op de vleugels van hun ambitie precies de juiste koers op worden geblazen en er kan er maar één op de top zitten. Ambitie veroorzaakt alleen maar jaloezie die als een virus door de kantoortuin blaast.

Toch is ambitie ook weer nodig op kantoor. Het geeft vlinders in de buik, het borrelt, het bruist. Een rivier moet stromen, in elk geval af en toe, om het wrakhout naar zee te krijgen. We kunnen dus niet zonder ambitie, maar dan wel gecontroleerd. Zodat we het kunnen gebruiken als we willen en kunnen indammen als er te veel onrust ontstaat.

Ik dacht daarom aan aparte werkplekken voor mensen met ambitie. Noem het ambitieblokken, of testosteronblokken, wat u wilt, maar zet ze daar bij elkaar. Daar kan het dan golven van de anekdotes en de Grote Ideeën. Daar kunnen de heldendaden klotsen, de relevante telefoontjes worden gepleegd, daar kan worden geruzied en boos weggebeend.

Je kunt er mensen omheen zetten die wel wat ambitie kunnen gebruiken. Je kunt er de net iets minder ambitieuzen vandaan houden om ruzie te voorkomen. En als je aan de andere kant van de zaal een lagedrukgebied van volkomen nietsnutten en losers plaatst, krijg je een mooie luchtstroom die het kantoor fris houdt.

Verder dacht ik aan ruimtes waarin ambitieuzen hun ambitie kunnen ventileren op flipperkasten, Excelsheets en tredmolens. Denk verder aan ambitiecorridors waar ambitieuzen doorheen kunnen zonder de minder ambitieuzen te besmetten. Bredere deuren voor de wat grotere ego's.

Of *battles* waarin ze hun ambitie kunnen afreageren.

Vergaderbattles: wie het langst kan blijven zitten. PowerPointbattles: wie het snelst de toehoorders heeft doodgeleuterd. Of bedenk totaal zinloze maar zeer ambitieuze projecten waar ze mee aan de slag kunnen. Een quickscan van de bedrijfscultuur of nieuwe software, bedrijfsbreed. Een nieuwe blauwdruk voor de interne communicatie. Dan heb je alle ambitie zo weer in het gareel.

Ik heb het zelf natuurlijk ook wel eens, ambitie. Ineens denk je dat je alles kunt bereiken. Doodeng vind ik dat altijd. Ik zou zeggen als je het voelt opkomen: raak niet in paniek, wacht even rustig, haal diep adem en maak eerst je werk af.

De meeste ambitie gaat vanzelf weer weg.

2. TIPS VOOR STAGIAIRS

Ik weet niet hoe het jullie vergaat, maar ik voel me in de kantoorjungle geregeld een soort oppasser in een instelling vol idioten met allerlei uit de lucht vallende calamiteiten die je zelden op tijd ziet aankomen. En dan ben ik nog een kantoorexpert.

Kun je nagaan hoe stagiairs zich moeten voelen, jongens en meisjes die zonder enige voorkennis de kantoortuin in worden gekatapulteerd. Ze hebben geen flauw idee, weten niet wat er van hen wordt verwacht, maar er wordt wél van alles van hen verwacht – en iedereen is sceptisch.

Daar komt nog bij dat stagiairs vaak op een leeftijd zijn dat ze denken dat de wereld om hen draait, dat zij de menschheid wel eens even zullen vertellen hoe het allemaal in elkaar steekt, en dat ze eindeloos door hun ouders gepamperd zijn. Dan is het even schakelen als je ineens wordt beschouwd als het stof op de bureaus, de ruis in de lucht en het mos op de buitenmuren. Wat ik bedoel te zeggen: de lastigste job in de kantoortuin is die van de stagiair. Het is dus niet voor niets dat stagiairs me vaak vragen: hoe kom ik toch dat eerste jaar door?

Mijn belangrijkste tip zou zijn: laat het idee los dat je wordt begeleid en geholpen. Er is geen begeleiding en je wordt niet geholpen. Denk Wendy uit Peter Pan, zo is het met jullie ook, stagiairs: gewoon naar het einde van de plank lopen en springen. En dan maar hopen dat er geen haaien zitten. Het barst overigens van de haaien, maar je zoekt het maar uit.

Dan: je bent er altijd. 's Ochtends als eerste en 's avonds als laatste, op elke borrel, elke repetitie voor het kantoorcabaret, elke presentatie en elk bedrijfsuitje. Zelfs als dat betekent dat je niet meer thuis komt. Leg desnoods een slaapzak onder het kopieerapparaat en tape een paar pakjes Sultana en een deoroller achter het systeemplafond. Je hebt sowieso altijd een deoroller bij je om je lastige momenten mee op te vangen.

Als je een heel erge kater hebt van de borrel, ga daar dan niet over zeuren. Je kotst even snel in de papierbak, veegt je mond af – tandenpoetsen – en werkt weer verder.

Maar bovenal: wees bang, heel bang, voortdurend. Een stagiair die niet continu de volle verantwoordelijkheid voor de hele wereld torst en geen doodsangsten uitstaat of hij alles goed gedaan heeft – daarmee wordt het nooit wat. Zeg overal 'ja' op.

Zoeken ze iemand die zich morgenochtend om acht uur in Den Helder kan melden? Prima, dat ben jij, ook al had je vanavond net een klaagavond met je vrienden ingepland. Haal de ontkenning uit je vocabulaire. Behalve in de zin: geen enkel probleem. Dat wordt sowieso je motto de komende maanden: geen enkel probleem. Dus niet: dat heb ik nog nooit gedaan, ik weet niet wie ik daarvoor moet bellen, maar: dat lijkt me heel interessant, ik ga het meteen uitzoeken.

Verder ook belangrijk: zeg nooit 'ja, maar'. Ook al zit het hele bedrijf er faliekant naast, in de kantoorjungle zit echt niemand op jouw bedenkingen, aanvullingen of suggesties te wachten, ook al zeggen ze van wel. En heb je écht een briljant idee dat het bedrijf van de ondergang kan redden, zeg dan: 'Op mijn school deden ze altijd zo,' geef de levensreddende tip en ga fluks weer door met je werk.

Bloos schaapachtig bij complimenten. Maak nooit ruzie. Realiseer je dat je álle mensen met wie je het eerste halfjaar te maken krijgt de komende twintig jaar overal weer tegenkomt. 'De sukkel die echt helemaal niks kan' is over vijf jaar je baas en over vijftien jaar blijkt 'de engerd die altijd in je bloes stond te kijken' de CEO van je droombedrijf.

Blijf dus met iedereen goede vrienden. Neem een houding van bewondering aan, kleed je nooit beter dan de diva en een beetje dikke kont is een pre. Doe net of je flirtgedrag niet begrijpt, zeker als het van je baas komt, en flirt zelf al helemaal met niemand.

Het is niet raar om in je eerste halfjaar elke avond te

moeten blowen om de boel weer een beetje rustig te krijgen en huilen is normaal in deze periode. Scoren kan alleen door iemand anders jaloers te maken. Vind daarom iemand die je leuk vindt, die iets in jou ziet en in wie je schaamteloos als een parasiet je legboor kunt steken, die je kunt leegzuigen qua kennis, medeleven en ervaring. Zet je als een bloedzuiger vast op deze persoon en laat hem of haar niet meer los.

Het doel van je stage: erachter komen wat je ongelukkig maakt, de baan binnenslepen en leren waar je blij van wordt. Koester dus de momenten dat je in zak en as zit en noteer de gelukkige uren – in die richting ga je voort – ook al word je er na een halfjaar alweer uitgeflikkerd.

Voor een stagiair is de enige weg die naar boven.

EEN STAGIAIR ZEURT NOOIT

Het belangrijkste om in je oren te knopen als stagiair: een stagiair zeurt nooit. Alles vind je even leuk tot je er zelf misselijk van wordt. Wees vrolijk en nederig, je voelt je nergens te goed voor. Sla desnoods je hoofd een paar keer tegen een pilaar als het niet lukt met die nederigheid of denk aan Nelson Mandela. Wees niet timide maar alert en lach. Vertel niet over leuke dingen die je in het weekend hebt gedaan. Je hebt namelijk geen tijd voor leuke dingen.

3. SOLLICITEREN

Zelf heb ik nooit een sollicitatie – ik lik me altijd naar boven, en als ik een sollicitatieprocedure wil omzeilen, spreek ik altijd met de baas af in hotelbars – maar van andere mensen hoor ik dat sollicitaties vreselijk naar zijn.

Het gestress om natuurlijk over te komen, de instinkvragen, de rollenspelen waarbij je niet mag lachen, en dan nog de afwijzing na afloop met de vileine bijzinnetjes waar je buikpijn van krijgt: een sollicitatie is sterven en weer doorademen. Een sollicitatie is als daten: heel erg spannend, vermoeiend en nagelbijtend, maar uiteindelijk nemen ze toch altijd iemand die ze al kenden.

‘Een sollicitatie is juist goed voor je. Er wordt je een spiegel voorgehouden,’ zeggen ze dan. Rot toch op met je spiegel, alsof er niet al genoeg hangen waar je elke dag weer met flinke klappen tegenaan loopt. Wie heeft solliciteren eigenlijk bedacht? Iemand die veel gepest is, *for sure*. Werkgevers die van sollicitaties genieten zijn sadisten.

Als je eerlijk bent en zegt dat je niet altijd doet wat je baas zegt (omdat dat de enige manier is om geen blunders te maken), concluderen ze 'dat je een probleem hebt met autoriteit'. Als je suiker in je koffie doet om wakker te blijven, noteren ze dat je gevoelig bent voor verslavingen. En als je oppert dat je 'stabiele familierelaties' belangrijker vindt dan 'een ruig seksleven', sta je te weinig open voor verandering.

Het stomste wat je kunt doen, is kritiek geven op de procedure. Want degene die het bedacht heeft, kijkt mee via een geheime camera en gaat dan meteen zitten strepen op de minpunten achter de competenties flexibiliteit, openheid en conceptueel vermogen.

Als je dacht dat Tinder erg was: sollicitaties worden ook steeds gekker. Ik hoorde dat ze DNA-profielen gebruiken om kandidaten te beoordelen. En bloedtests. *What's next*? Röntgenfoto's, naakt op een eiland? Of dat je in het donker een gesprek moet voeren – en de nieuwe werkgever heeft een infraroodkijker op zijn hoofd?

Mijn advies? Als het er al zoveel op lijkt, dóé dan ook maar gewoon alsof het een date is, zo'n sollicitatie. Drink dus wat vooraf (zeg twee tequila) en ga lekker improviseren bij het rollenspel. Trek je lievelingskleren aan die toch sexy zijn en draai deathmetal op weg ernaartoe om in een killerstemming te komen. Doe verder wat je *role model* zou doen (in mijn geval Clint Eastwood). Ik zou ook vragen om een tijdstip van halfvijf 's ochtends, dat is tenminste de tijd dat ik op mijn scherpst ben tijdens een date, vlak na de shoarma.

Je loopt *badass* op die man of vrouw af, je doet alsof het je allemaal geen reet kan schelen, jullie kijken elkaar aan en je weet het. Je wordt het niet.

Sollicitaties suck, maar volgende maand heb je er weer een.

DE VIJF DINGEN DIE JE NIET MOET DOEN TIJDENS JE SOLLICITATIEGESPREK:

(Doe alles wat je niet zou doen tijdens een date ook niet tijdens een sollicitatiegesprek.)

1. Ga dus niet uren over je heavy metal-verslaving praten tenzij deze wederzijds is.
2. Praat sowieso niet de hele tijd over jezelf en je huisdier, behalve als het een kat is.
3. Nooit seks na je eerste gesprek. Zoenen is daarentegen juist wel weer heel goed.
4. Drink nooit rode wijn tijdens je sollicitatiegesprek, daar krijg je rode tanden van.
5. Draag geen slippers, korte broek of ondoorzichtige vleeskleurige panty's.

4. PROFILEREN

Ik hoor vaak van collega's dat niemand op kantoor lijkt te zien hoe belangrijk ze zijn. Dat ze nachten doorhalen, dat ze op hun laatste randje tandvlees het bedrijf redden, maar dat op het moment supriem niemand staat te applaudisseren. Sterker nog: dat er dan een stilte volgt of erger, dat de baas vraagt: 'Jij had toch even niks te doen?' Knettergek worden ze daarvan. Niet gek dus dat mensen me dikwijls vragen: hoe profileer ik me in de kantoorjungle?

Zelf heb ik jaren gedacht dat je stinkende best doen genoeg was. Maar dat is dus een van de grootste misverstanden in het hele kantoorgebeuren. Ook al ben je van levensbelang en werk je je tienduizend keer de pestpokken, als niemand anders dit óók vindt, besta je niet. Daarom is het van belang dat je zichtbaar wordt. Dat het gezien wordt wat je doet.

Wat daarvoor goed werkt, is rondlopen: even een rondje over de velden. Het belang van rondlopen kan nauwelijks worden overschat. Rondlopen laat zien: ik doe iets, ik ben ergens naar op weg, ik ben er, ik loop en jij zit, ik loop op jou voor. Rondlopen doet het voor je.

Zorg wel altijd voor een loopdossier. Dat is een grote map met papieren erin en gele briefjes die overal uitsteken. Die laat zien: ik loop hier niet zomaar, ik heb iets in mijn handen.

Het mooist is als je loopje uitmondt in een powermoment: een zichtbare ontmoeting met een leidinggevende. Ga daarom achter de kantoorplant staan wachten tot een belangrijke vergadering is afgelopen, voeg je dan in het groepje en loop lachend mee. Op die manier ben je al *top of mind* zonder ook maar één aanwijsbare prestatie.

Maar het allerbest werkt natuurlijk: iets zeggen, dingen over iets zeggen in een groepje. Het lijkt misschien gek, maar juist als je denkt 'wat een onzin, ik heb niets te zeggen', juist dán ga je iets zeggen. Agendeer bij voorkeur een voor de hand liggend probleem waar je niet over gaat. Of iets wat je net hebt opgelost zonder dat men dat weet, en zeg dan, na een tijdje moeilijk doen, dat je het gaat oplossen.

Wat ook goed werkt: kritisch doen over onderwerpen waar de lul van sales over gaat, of ongevraagd 'strategische visies' inleveren over onderwerpen die niet echt een probleem zijn. Debiteer daarbij steeds eenvoudige metaforen uit de sport of het dierenrijk (kantoorjungle!). Je hoeft er niet in te geloven, maar straal in elk geval voortdurend uit: ik weet wat deze organisatie nodig heeft!

En als dat allemaal niet werkt, zeg het dan gewoon zelf af en toe, hardop: 'Wat heb ik dit toch goed gedaan, wat een parel ben ik.' Bij voorkeur thuis als je de vaatwasser inruimt of de was ophangt. Het voordeel: daar kan niemand je zien huilen. En tegen je collega's kun je de volgende dag zeggen dat je harde werk niet onopgemerkt is gebleven.

5. JE KUNT BETER ONDER DAN BOVEN JE NIVEAU WERKEN

Ik heb er even over nagedacht – de een doet daar wat langer over dan de ander – maar ík denk dat het beter is om onder je niveau te werken dan erboven. Ik kom erop doordat ik veel mensen hoor klagen dat ze een baan onder hun niveau hebben moeten accepteren. Dan zijn ze bijvoorbeeld gepromoveerd op zeventiende-eeuwse Franse poëzie uit de buurt van Arles en dan kunnen ze geen werk vinden als expert op het gebied van zeventiende-eeuwse Franse poëzie-expert in de buurt van Arles, maar wél in een archief als iemand die dingen doet in een archief. In dat archief had weer iemand kunnen werken die wél was opgeleid om in een archief te werken en die nu misschien moet gaan putjesscheppen, wat mij dan weer heel dankbaar werk lijkt, maar daar gaat het nu niet om. Het gaat om Verdringing Op De Arbeidsmarkt.

Even afgezien van de mensen die uiteindelijk geen baan kunnen vinden, wat natuurlijk wél erg is, lijkt het mij dus helemaal niet erg om onder je niveau te werken. Sterker nog, ik doe het zelf al jaren en ik zie het ook veel mensen om mij heen doen. Onder je niveau heb je minder stress, ben je goed in je werk, krijg je alles af, en heb je altijd tijd om te Netflixen op kantoor.

Ik heb wel eens boven mijn niveau gewerkt en geloof me, dat was geen pretje. Je loopt constant op je tenen. Dat onderschatten mensen die onder hun niveau werken vaak, hoe vervelend dat is. Dat minderwaardigheidsgevoel dat je niet kunt tippen aan al die collega's die wél de Matthäus kunnen meehummen, de Odyssee kunnen declameren en de laatste Nobelprijswinnaar al jaren kennen.

Ja, maar het is toch vreselijk om met 'domme mensen' te moeten werken, hoor ik dan wel eens. Jongens, alleen de niet zo heel snuggere mensen ergeren zich aan domme mensen – dat je slim genoeg bent om te weten dat anderen dommer zijn, maar niet slim genoeg om daar iets mee te doen. Die mensen worden vaak manager. Hoezo uitdaging? Uitdaging in je broekje, heb ik wel eens iemand horen zeggen.

Ik denk dat je nooit ergens te slim voor kunt zijn. Ik heb slimme mensen 'ik hou van jouw' zien schrijven. Of 'wat heb je leuke laarsen aan', en domme mensen horen zeggen dat de mooiste dingen in het leven geen dingen zijn en dat het geen zin heeft om je zorgen te maken. Wat is wijsheid?

Ik denk dat 'precies op je niveau werken' maar één of

twee uur in je hele carrière voorkomt en dat 'te slim voor je werk' een verzinsel is van mensen die symposia organiseren over het punt dat het een probleem is als je te slim bent voor je werk.

De échte vraag is natuurlijk: wat vertel je je kleinkinderen later? Ik denk verhalen over je 'domme baantjes'. Over al die uren dat je in snikhete kelders duizenden afwassen stond te draaien voor drie cent per dag. Dat je vierentwintig uur moest lopen om er te komen en vierentwintig uur weer terug. Dat je zo'n honger had van het harde werken, dat je de slagroom uit de ijscoupes likte die je moest afwassen. Niet over de tijd dat je zo heerlijk strategisch hebt lopen buffelen met je punten op de horizon en dat je misselijk werd van al het laaghangend fruit.

Toch?

Tegen al die mensen die zichzelf te slim vinden voor hun baan zou ik dus willen zeggen: heel slim en houden zo. Je kunt altijd zeggen dat je veel meer kunt, wat ook zo is, en zolang er nog progressie mogelijk is, is er hoop.

En waar hoop is, is de liefde vaak niet ver.

5 MACHT EN STATUS

Hoe ga je om met je baas, hoe krijg je een hoger salaris en mag je wel of niet huilen tijdens je functioneringsgesprek? Het is de top-3 van meest gestelde vragen in mijn kantoorjunglepraktijk. Wat me ook vaak gevraagd wordt: wat zet ik op mijn visitekaartje? Daarom in dit hoofdstuk wat tips.

Korte samenvatting: de ideale baas bestaat niet en noem jezelf geen 'growth hacker', 'chapter lead' of 'continuous improvement manager'. Doe eens normaal man. Hoe ingewikkelder je functietitel, hoe minder je voorstelt.

1. HOE GA JE OM MET JE BAAS?

Van alle relaties in de kantoorjungle is die met je baas het gevaarlijkst. Je gewone collega's kun je uitlachen en beledigen, je kunt met hen flirten, dansen en bami eten. Met je baas kan dat allemaal niet. Of althans, het kán wel, maar het heeft consequenties. Altijd hangt het functioneringsgesprek boven je hoofd, het zwaard van Damocles van de kantoorjungle. En alles telt op.

Dacht je goed bezig te zijn geweest, kan hij of zij zich er niks meer van herinneren. Heb je avonden met haar in de kroeg gezeten, ben je te klef. Wijs je zijn avances af, ben je frigide. Doe je te veel, ben je een bedreiging. Doe je te weinig, lig je eruit. Niet gek dus dat veel mensen me vragen: hoe ga ik in godsnaam met mijn baas om?

Er zijn veel soorten bazen. Je hebt de Bokito, die voor honderd procent uit testosteron bestaat en wiens woede-uitbarstingen altijd weer als een verrassing komen. Je hebt de slechtgeklede baas met zijn telefoon aan de gordel. Er is de baas die je aanbidt en tegen wie je niks durft te zeggen. De jaloerse baas bij wie je moet onderpresteren. De kleffe baas die je meeneemt naar de sauna en altijd wil knuffelen. De incompetente baas die alles goed vindt. De excentrieke baas die op een woonboot woont en rondrijdt in een Chevrolet El Camino.

Er is iets wat ze gemeen hebben. Alle bazen zijn een beetje eng, laten we wel wezen. Met de anderen erbij gaat het nog wel, maar alleen... in de lift bijvoorbeeld of op een borrel. Waar heb je het in godsnaam over? Wat víndt ze eigenlijk van je? Dat kun je nu niet vragen, toch? Of wel? Telt dit ook als werktijd? Ik had een baas die mijn bier betaalde omdat ik te veel van hem wist. Een soort omerta met schuimkraag.

Wat níét werkt bij bazen is afstand – dan gaan ze alleen maar meer op je nek zitten. Aandacht is beter. Wat dus altijd goed werkt: behandel je baas als een puppy. Je gooit een bal op en hij brengt hem terug. Je ruimt zijn shit op, maar verwacht geen diep inhoudelijke gesprekken, je krabbelt hem achter zijn oren en houdt je stem laag. Verder keer je hem nooit de rug toe en gedraag je je voortdurend zelfverzekerd, vooral als je dat niet bent. Je maakt geen onverwachte bewegingen en laat nooit merken dat je bang bent. Doe je het goed, dan zal hij anderen beginnen te bijten.

Hij is de baas, maar jij bent het baasje.

Het kan ook met een tandje meer compassie. Dan behandel je je baas als je kind. Je prijst hem ('wat een mooie tekening heb je gemaakt!'), je liegt dat het gedrukt staat en je komt altijd op zijn feestjes. Verder tel je tot tien als je voelt dat je boos wordt, je begint nooit over seksualiteit, en je lacht om zijn grapjes. Zijn driftbuien vat je niet persoonlijk op en je houdt alcohol en ironie uit de relatie.

Je houdt altijd in het oog: zonder jou is hij niets.

2. DE IDEALE BAAS (BESTAAT NIET)

Als er geen bazen bestonden, kon ik wel inpakken met mijn kantoorjunglepraktijk. Want de meeste frustraties en klachten die ik krijg, gaan over 'de baas'. 'Mijn baas kan niets' staat op nummer één. Gevolgd door 'ik ben verliefd op mijn baas' en 'hoe kom ik van mijn baas af'. Daarom: wat is een goede baas?

Een goede baas is óf een schatje, óf een totale *asshole.* Wil je een succesvolle baas zijn, dan moet je kiezen. Het is net als op school: de echt lieve leraren én de superautoritairen worden op handen gedragen. Alles in het grijze gebied wordt niet geloofd en verdwijnt richting burn-out. Werknemers zijn als pubers: bloedhonden. De lichtste aarzeling en ze springen naar de slagader. Een goede baas twijfelt dus nooit.

Een baas moet ook volkomen onvoorspelbaar zijn. De

ene keer moet hij zijn schoen tegen je hoofd gooien en schelden dat hij zijn schoen terug wil, de andere keer moet hij je uitnodigen bij hem te komen barbecueën. Onzekerheid verenigt het personeel. Verder vind ik dat een baas aantrekkelijk moet zijn. Gewoon vet knap. Zodat je altijd een beetje staat te stotteren als er iets belangrijks te zeggen is.

Bazen die zeggen: 'Ik ben niet zo van de inhoud, maar meer van het proces' mogen in de noten geschopt worden. Een baas die niet het werk heeft gedaan dat haar mensen doen, kan in de kantine kroketten gaan staan bakken. Natuurlijk is een baas van de inhoud, waar is hij anders voor? Voor de postzegels?

Ik vraag wel eens aan mijn collega's: 'Wat verwacht je van je baas?' Wat er dan uitkomt! Dat hij moet kunnen luisteren naar hun oeverloze problemen, dat hij moet verbinden, maar toch ook oog moet houden voor individuele prestaties, dat hij mensen in hun kracht moet zetten (wat dat ook mag zijn), dat hij altijd zijn mensen moet verdedigen hoe dom ze ook doen, dat hij streng moet zijn, maar ook moet inspireren.

Als ik dat allemaal hoor, denk ik: kom op zeg. Als een baas dat allemaal zou doen, zat hij binnen een week in de WAO. Coaching- en managementtrajecten die dat bazen allemaal leren, daar kunnen we dus mee ophouden.

Ik zou dus zeggen: ga gewoon lekker je gang als baas. Het is net als met opvoeden: mensen worden alleen volwassen als ze zich tegen het gezag afzetten. En: je doet het toch nooit goed.

EEN GOEDE BAAS

Wanneer ben je een goede baas? Zolang er maar over je gepraat wordt – mensen moeten wat te leuteren hebben, anders gaan ze zich vervelen. Gééf hun dus wat te leuteren als je een baas bent. Zorg bijvoorbeeld dat je vaak dronken bent. Dat je zomaar ineens uitvalt – volkomen onterecht! Of dat je stinkt, altijd veel te dicht bij mensen gaat staan of te grote borsten hebt. Flirt niet – wat een saaie muts! Of flirt wel – wat een viezerik. Zorg voor te veel ideeën (te dominant) of juist te weinig (niet inspirerend). Maar positieve verhalen zijn ook goed, jubelverhalen. Dat je ooit op een dag het werk van alle afdelingen deed, maar dan beter. Dat je weeshuizen in Roemenië metselt. Dat je zoals Lodewijk Asscher elke avond thuis eet. Dat kan helemaal niet, tenzij je Lodewijk Asscher heet. En dan wil iedereen Lodewijk Asscher als baas.

3. FUNCTIONERINGSGESPREKKEN

Het functioneringsgesprek: ik hoor er alleen maar mensen over klagen. Dat de baas altijd wel iets vindt om over te zeuren. Dat hoe hard ze ook gewerkt hebben, het altijd gaat over dat ene dat ze fout gedaan hebben. En dat als ze op het eind moeten zeggen wat hun ambities zijn, ze niet durven te zeggen: 'Jouw baan, *asshole*.'

Ik snap dat nooit. Ik vind functioneringsgesprekken heerlijk. De leukste gesprekken op kantoor. Even een uurtje me-time – wanneer krijg je zoveel aandacht van je baas? Even de benen op tafel en beoordelen maar.

Er is namelijk altijd wel iets wat wel of niet functioneert in de kantoorjungle: de kroketten, de collega's, de koffie, de airco, de glasbewassing, het slot op de wc-deur. Ik gebruik mijn functioneringsgesprek ook altijd om even flink mijn hart te luchten over de politiek, de kwaliteit van de huidige popmuziek en de stand van het land in het algemeen. Het leukst vind ik de functioneringsgesprekken waarin mijn baas het heeft over zíjn baas. Heel goed! Wie zegt dat het over het functioneren van de ondergeschikte moet gaan?

Toch merk ik dat nog heel veel mensen hun functioneringsgesprek niet snappen. Ze zien het als een moment waarop hun baas even over hen heen mag plassen, een moment dat ze zo stoïcijns mogelijk moeten ondergaan omdat hij anders denkt dat hij een punt heeft. En dus zitten ze met een pokerface lijdzaam af te wachten en geven ze geen kritiek: even doorbijten.

Wat ik ook vaak hoor, is dat je niet zou mogen huilen tijdens je functioneringsgesprek, dat je niet mag schreeuwen en niet mag zeuren om opslag. Wat een onzin. Ik vind dat je eens per jaar je moment moet hebben om onredelijk te zijn tegen je baas.

Maar nog beter is het om het helemaal om te draaien. Wacht dus niet tot je baas over jou begint, maar begin over hém! Prijs hem helemaal het graf in. Hoe goed hij luistert, hoe hij inspireert, dat je eigenlijk altijd denkt: hoe zou hij dit aanpakken? Het voordeel is dat je baas na afloop helemaal *mellow* en giechelig het formulier invult, maar ook dat er amper tijd is om het over jouw functioneren te hebben.

Zorg er verder voor dat je wat te doen hebt tijdens je functioneringsgesprek. Neem dus een breiwerkje mee, een likdoornrasp, wat vakliteratuur. Dat je niet stilzit, zeg maar. Ik neem zelf ook altijd wat werk mee. Dat vind ik ook gewoon heel goed staan. Dat je het zo druk hebt dat je je werk hebt meegenomen naar je functioneringsgesprek. En je baas kan meteen zien hoe je het doet – win-win.

Een écht goede baas zegt na afloop van het gesprek: 'Maak jij het verslag even?' Hij vertrouwt je. Dat verslag is bovendien toch maar voor het archief. Want de échte functioneringsgesprekken, die heb je natuurlijk niet één keer per jaar, maar elke dag. Sterker nog. Elk gesprek in de kantoorjungle is een functioneringsgesprek, lieve mensen. Je theorieën over Wie de Mol is, wat je weet over koffie en over de Koude Oorlog, of ze je mogen, en of je gelijk krijgt als je het niet hebt. De échte functioneringsgesprekken heb je ook niet met je baas.

Maar met je collega's.

4. HOE KRIJG JE EEN HOGER SALARIS?

Kasten vol managementboeken zijn erover geschreven: hoe je meer salaris krijgt. Dat is natuurlijk niet zomaar. Want hoeveel je ook van je collega's houdt, van de kroketten en van de systeemplafonds – van zonneschijn alleen kun je niet leven.

Ik ben daarom een enorme voorstander van salarisverhoging. Zelf heb ik altijd mijn meest recente loonstrook aan de binnenkant van mijn broekspijp geplakt zodat ik er op maandagmorgen in de trein in de aftershave- en knoflookwalm even naar kan kijken. Vervolgens hoor je mij de rest van de week niet meer klagen.

Toch merk ik dat veel van mijn collega's minder gelukkig zijn. Dat komt wellicht doordat de meeste tips uit die boeken grote bullshit zijn. Zo lees ik wel eens dat je argumenten moet verzamelen waarom je een hoger salaris waard bent. Hou eens op zeg. Alsof je iets krijgt als je ergens een argument voor hebt. Dan kunnen we de hele kantoortuin wel opdoeken.

Ik zou zeggen: timing is belangrijker. Salarisverhoging is volledig afhankelijk van hoe je baas de nacht ervoor heeft geslapen, of hij of zij nog last heeft van de rug en hoe het thuis gaat. Je vraagt dus geen opslag als je baas net met haar nieuwe auto tegen het paaltje van de parkeergarage is aangereden. Wél als hij net terug is van vakantie en zijn vrouw niet mee was.

Maar zeuren werkt ook prima. Denk aan het gezegde: wie zeurt, krijgt een beurt. Het is lastig, want niemand wil een zeiksnor zijn, maar je moet jezelf op zo'n moment even zien als je eigen zaakwaarnemer. Ik heb zelf altijd een badge op als ik met mijn baas in onderhandeling ga, met daarop 'zaakwaarnemer Japke-d. Bouma'. En als hij dan met een waardeloos voorstel komt, zeg ik: 'Sorry, maar hier krijgt Japke-d. Bouma haar begroting niet mee rond.'

Verder laat ik veel stiltes vallen en noem ik het geen salarisverhoging, maar een 'salarisaanpassing'. Dan kan mijn baas later zeggen: 'Alles in orde hoor. Ik heb haar salaris aangepast.'

Chantage werkt ook. Zo heb ik al mijn eisen ingewilligd gekregen sinds ik weet dat de meneer van de salarisadministratie een verzameling enge poppen in witte bruidsjurkjes op zijn bed heeft en een schuur in de tuin met een groot slot erop.

Maar wat voor mij het best heeft gewerkt: *playing hard*

to get. Zeggen dat het je echt HELEMAAL niks kan schelen, dat hele salaris. En dat je al drie aanbiedingen hebt laten lopen van concurrenten, alleen deze week al. Zeg anders dat je je salaris wilt laten vastzetten voor vijf jaar, net als energiebedrijven met hun tarieven doen. Of vraag desnoods MINDER salaris. Net als met daten zal je baas je juist méér affectie (salaris) geven omdat hij denkt: 'Potverdikkie hee, dié moeten we houden.'

Wat in elk geval niét werkt: puppyogen en bescheidenheid. Dat soort 'makkelijke' werknemers heeft je baas nodig om het salaris van de bikkelharde pokerfaces mee te bekostigen. Want geld is er genoeg op kantoor. Als het je niet lukt het te pakken te krijgen, betekent het dat jouw deel naar de betere onderhandelaars gaat.

5. WAT ZET JE OP JE VISITEKAARTJE?

Ik hoor vaak mensen klagen over visitekaartjes. Dat ze van papier zijn, dat ze gaan ezelsoren, dat je 's avonds al niet meer weet van wie ze waren en dat je altijd de verkeerde hebt bewaard.

Ik snap dat nooit. Ik vind visitekaartjes heerlijk. Je kunt er kauwgom in rollen, je tanden mee stoken, er mooie figuurtjes mee vouwen in de trein. Maar het is ook gewoon fijn om zo'n pak papier in je tas te hebben als je van een borrel komt en dan tegen jezelf te zeggen: 'Met deze mensen heb ik allemaal gepraat en ik heb geen flauw idee meer waar het over ging.' En dan gooi je ze lekker in de prullenbak. Ik vind dat bevrijdend.

Maar visitekaartjes zijn natuurlijk vooral heel grappig. Als je ziet wat sommigen van jullie erop hebben staan, jongens hou óp. 'Transition manager' bijvoorbeeld, wat is dat? Iedereen die de luiers, de puisten en de puberteit heeft overleefd, kan zich zo noemen. Ook heel creatief vind ik 'adviseur projectbeheersing'. We hebben natuurlijk allemaal wel een of ander project dat we proberen te beheersen of waar we iemand over proberen te adviseren en dat dan niemand luistert – denk aan een huisdier, een kind of een uit de hand gelopen verbouwing. Of de toevoeging 'senior', bijvoorbeeld in 'senior communicatieadviseur'. Dat betekent dat je het werk eigenlijk al te lang doet en er al jaren geen groei meer in zit.

Maar het mooist zijn natuurlijk de Engelse *job titles*. Zo zie je zelden 'werknemer', 'boswachter' of 'eindbaas' op een kaartje, maar bijna altijd 'subject matter expert', 'field engineer' en 'quality designer' of, zeer recent, 'continuous improvement manager'. Ik moet er trouwens niet aan denken dat ik mezelf continu zou moeten verbeteren. Dan was ik na 732 dagen een soort Hulkachtige Superman met bovennatuurlijke krachten. Maar goed. Zo iemand geef ik altijd een kaartje met mijn bankrekeningnummer en extra hoge uurtarief om lulverhalen aan te horen.

Wil je het anders doen? Ik zou zeggen: houd het kort. Hoe langer je functienaam, hoe minder je voorstelt. Doe liever iets als 'messias' of 'geestelijk leider'. Dat geldt ook voor je LinkedIn-profiel: houd het mysterieus. Ik heb er zelf sinds vorige week een foto op staan in avondjurk met een glas martini. Verder niks. Ik heb nog nooit zoveel *job offers* gehad.

Visitekaartjes met een persoonlijke boodschap? Ik dacht

het niet. Als je de filosoof gaat uithangen mag je opkrassen, vriend. Zet liever een favoriet boek op je kaartje. Of een 'was ooit verliefd op' en 'heeft een hekel aan'. Dan heb je een dialoog. Het lijkt me ook mooi om er lievelingsmuziek op te zetten. Iedereen die dan met 'Eye of the Tiger' komt, hoef je sowieso nooit meer te bellen. Ik zou ook wel een leeg hokje op een visitekaartje willen, om je eigen omschrijving erbij te kunnen zetten: 'die man met die drankkegel', 'die mislukte flirt', 'dat vreselijke vriendje van de lul van sales'. Verder wil ik kleinere oplages: waarom moeten ze altijd met duizenden tegelijk gedrukt worden? Denk eens aan al die ouders die schuren vol hebben met oude visitekaartjes van hun kinderen.

Maar als je er écht toe doet, staat er natuurlijk helemaal niks op je kaartje. Niet eens je naam, laat staan je nummer. Dat ze stad en land moeten afzoeken om je te vinden – dan heb je een wit kaartje. Want het is niet alleen fijn om carte blanche te hebben.

Het is nog lekkerder om er een te krijgen.

WAT JE NIET MOET DOEN OP LINKEDIN

De term 'consultant' zegt al niks (vroeger heetten consultants trouwens nog gewoon 'adviseurs'), maar 'functioneel consultant' straalt natuurlijk nog meer paniek uit. Wat er eigenlijk staat is: ik kan niet precies zeggen wat ik doe, maar ik doe dat wel vanuit mijn functie.

Zo zijn er meer woorden die je moeiteloos weg kunt laten uit cv's en LinkedIn-profielen. 'Global' bijvoorbeeld – tenzij je in de ruimte werkt; 'quality' – tenzij je niet voor kwaliteit gaat; 'project' – tenzij alles wat je doet langer duurt dan een mensenleven; en 'central' – tenzij je altijd in de periferie blijft.

Pas verder op met titels als 'vice president' – dat is iedereen al; 'representative' – idem; en 'key' – tenzij je sleutelmaker bent.

Wat écht niet meer kan, is 'transition'. Alles verandert voortdurend. Op kantoor, in de wereld, in Waddinxveen en in de relationele sfeer. Dat jij ook met 'verandering' te maken hebt, hoef je er dus echt niet apart bij te zetten.

6 PRIVÉ EN KANTOOR

Ik zeg het meteen maar even: de balans tussen privé en werk bestaat niet: werk is privé en privé is werk, thuis en kantoor lopen naadloos in elkaar over. Dat is helemaal niet erg, maar je moet er wel voor oppassen. Werk dus af en toe thuis om af te kicken van kantoor en werk af en toe op kantoor om af te kicken van thuis. Verder in dit hoofdstuk nog wat andere nuttige tips hoe om te gaan met je privéleven op je werk. Mag je huilen op kantoor, waar kun je het best poepen en neem je je kinderen mee naar je werk – het staat er allemaal in.

Korte samenvatting: als je werk niet belangrijk genoeg is om af en toe een potje om te janken, wordt het tijd voor een andere baan. En: poep altijd op een andere afdeling en nooit op je eigen.

1. 'THUISWERKEN'

Thuiswerken? Iedereen weet dat dat het grootste bedrog ooit is. Natuurlijk, er zijn heel veel mensen die thuis bergen werk verzetten omdat ze het op hun werk niet afkrijgen. Maar op een officiële 'thuiswerkdag' doet niemand iets. Thuiswerken, kom op zeg. Het laatste wat de officiële thuiswerkers doen is werken.

Zo heb je de problematische thuiswerkers met wie van alles aan de hand is. Sociaal, medisch, zieke kinderen: daar wordt niet gewerkt, daar wordt gezorgd. Je hebt ook de vakantiegangers die de dag erna met het vliegtuig moeten en op hun 'thuiswerkdag' de caravan uit de stalling halen, de dakkoffer monteren en de tent uithangen.

Verder zijn er de promiscuen (geen namen) die op hun 'thuiswerkdag' hun minnaars afwerken, zijn er de mensen die op hun 'thuiswerkdag' de kinderen naar paardrijden brengen, of naar Artis, en zijn er de vaste thuiswerkers die er routine in hebben gekregen. Die zijn heel druk met internetdaten, blogjes lezen, Spotify bijwerken, masturberen, aan hun golfhandicap werken en solliciteren. Die mailen op hun thuiswerkdag 's ochtends om acht uur en rond lunchtijd actielijsten met dingen erop waar ze niet over gaan.

Het grappige is: iedereen weet dit. Toch houdt iedereen de schijn op. Thuiswerken valt onder de grootste omerta van de kantoortuin. Dat is omdat iedereen wil 'thuiswerken', ook de baas. Niemand heeft er belang bij dat het bedrog uitkomt. 'Thuiswerken' is heerlijk.

Allereerst is 'thuiswerken' de ideale manier om tot rust te komen zonder collega's en koffieautomaten. 'Thuiswerken' is in feite een strategische retraite. Jezelf in je badjas weer even helemaal opladen voordat het feestgedruis, gekonkel en geferomoon op kantoor weer verdergaat. Maar je bent ook veel wakkerder op je 'thuiswerkdag' omdat je af en toe kunt powernappen en erbij kunt drinken.

Verder zijn 'thuiswerkdagen' uitermate geschikt om werk te doen dat in je vrije tijd blijft liggen. Omdat je zoekt naar dingen die je eindeloze gehang toch urgentie meegeven ga je namelijk stofzuigen, rekeningen betalen, de meterstand opnemen, bellen met de belastingtelefoon, plafonds witten, dieren in bad doen en naar het grofvuil met de aanhangwagen vol zakken. Wanneer zou je dat ook anders moeten doen – de weekends zijn al druk genoeg. Stel je bovendien voor dat je al dat werk mee naar kantoor zou moeten nemen.

Maar 'thuiswerken' is ook ideaal voor de mensen die wél op kantoor blijven. Zo kun je op woensdagen en vrijdagen een kanon afschieten in de trein en is het lekker rustig in de kantine omdat iedereen thuis zit te 'werken'.

Toch zijn er mensen die 'thuiswerken' niet toestaan, die via systeembeheer controleren wat hun thuiswerkers doen. Wat een onzin. Thuiswerken maakt kantoor juist sterker. Omdat we er tijdens thuiswerken achter komen dat we collega's willen. We willen de dynamiek, de tragiek en de intriges. We willen lunchen en het dan over *De Rijdende Rechter* hebben – o, wat is thuiswerken saai.

Niet voor niets vormen zzp'ers collectiefjes in hippe afbraakkantoren met zitzakken en gemeenschappelijke pakken hagelslag en fairtradekoffiebonen. Niemand kan zonder kantoor.

Na een 'thuiswerkdag' ben je gemotiveerder dan ooit om daarnaar terug te keren.

2. HUILEN OP KANTOOR

Wie heeft er wel eens een man zien huilen op kantoor? En dan niet omdat hij met zijn hoofd keihard tegen een pilaar gelopen is, maar gewoon, om de hardcore shit op zijn werk? Om de eikel die de baan krijgt die hij al zolang wilde, om de trieste gangen en niemand die naar hem luistert, om de koude koffie over zijn toetsenbord terwijl zijn lievelingscollega tegen hem loopt te schelden, om de printer die hem aangrijnst na zijn mislukte PowerPoint.

Misschien ligt het aan mij, maar ik heb het nog nooit gezien, een huilende kantoorman. Ik heb het even nagevraagd, maar dat is een teken van zwakte. Je kunt nog beter naakt naar kantoor komen dan huilend, hoorde ik laatst een man met een baard zeggen. Mannen slaan heel hard op het toilet met hun vuist tegen de spiegel en dan hebben ze een paar weken last van hun hand. Zo reageren zij het af.

Mannen zijn ook altijd heel erg bang voor huilende vrouwen. Panisch. Zet een huilende vrouw op een willekeurig kantoor en je ziet de mannen gillend wegrennen, als ratten van een zinkend schip. Ze denken dat zo'n vrouw besmettelijk is. En dat als je je om haar bekommert, je meteen met haar moet trouwen, elke avond met haar over gevoelens moet praten, nooit meer met je vrienden naar de kroeg mag en je allemaal feminiene details te horen krijgt.

Jongens, hou eens op. Woede is de oplossing niet. Woede komt vroeg of laat als een boemerang terug. Huilen daarentegen is opluchting. Even de ventielen open en weer doorgaan. Een huilbui haalt de scherpe randjes van je arrogantie en geeft diepte aan je oppervlakkigheid. Huilen zou op kantoor net zo normaal moeten zijn als gapen tijdens de vergadering en veel te dronken worden op de vrijmibo. Als je mag lachen, flirten en scoren op kantoor, waarom zou je dan niet mogen huilen? Hoezo onprofessioneel? Nee, alles opkroppen en dan op een dag exploderen van de burn-out: dát is lekker professioneel.

Aan al die mannen die zichzelf zo professioneel vinden, zou ik dan ook willen adviseren: probeer het gewoon eens, huilen. De stoerste man begint en vervolgens golft de emotie als een rijtje dominostenen door de kantoorjungle. Het hele kaartenhuis lazert in elkaar. En daarna weer samen opbouwen, dat is toch schitterend?

Fakende collega's die manipuleren met hun tranen of collega's die misbruik maken van huilende collega's mag je slaan. Maar een oprecht huilende collega moet je koesteren. Dat is een collega die het kan schelen.

'Ja, maar ik hoef nooit te huilen om mijn werk, ik ontleen mijn identiteit er niet aan, ik huil alleen om de echt belangrijke dingen,' hoorde ik laatst een man riposteren.

Ik zou zeggen: als je werk niet belangrijk genoeg is om een potje om te janken, wordt het tijd voor een andere baan.

3. POEPEN OP KANTOOR

Ik kom maar meteen uit de kast: het toilet is mijn lievelingsplek op kantoor. Omdat de deuren er op slot kunnen en omdat ik het interessant vind dat mensen er alles uit zichzelf halen wat erin zit. Als je alleen al bedenkt hoeveel liters en kilo's er omgaan, dan moet je net mij hebben, als econoom. Ook is het natuurlijk fascinerend te bedenken dat alle mensen met wie je werkt er in hun semiblootje op zitten, hoewel ik daar, nu ik dit schrijf, ook wat misselijk van word.

Maar het toilet is bovenal een plek waar dingen gebeuren die nergens anders op kantoor gebeuren. Mannen blijken er bijvoorbeeld ineens te kunnen multitasken. Ik luisterde ooit aan een herentoilet en ik hoorde duidelijk iets in het water plonzen terwijl er een pen op papier kraste en hij met iemand telefoneerde.

Verder heb ik op kantoortoiletten horen snurken, heb ik er hevig huilenden in zien verdwijnen om er stralend weer uit te komen en kun je jezelf er een make-over geven voor de vrijmibo. Ook kunnen er regenpakken uit, en dat is natuurlijk altijd een win-winsituatie, kun je er de Facebookpagina van je dochter checken en *De Telegraaf* lezen. Geen haan die ernaar kraait.

In die zin kan het toilet best wat respect gebruiken. Niet dat je het per se schoon hoeft te houden als dat niet in je aard zit, hoor: het toilet is in de eerste plaats een territorium, dus maak er lekker een zootje van als je een hork bent en dat nodig hebt om je punt te maken. Nee, ik bedoel te zeggen: het toilet kan best wat meer worden aangekleed. Denk een leesmap, een schemerlamp, een makkelijke stoel en wat eigen spulletjes in een kastje. Ik zou sowieso willen pleiten voor vochtig toiletpapier. Ik wil ook permanent iemand op het toilet die checkt of je rokje niet in je panty zit en of er geen papier uit je onderbroek wappert. En ik wil geurkaarsen.

Maar het belangrijkst van het toilet is dat wat er gebeurt geheim blijft. Dat houdt het spannend. Zorg dus voor camouflage. Pakte je op de kleuterschool een ketting als je ging, in de kantoorjungle pak je een loopdossier als dekmantel en zeg je dat je even iets gaat regelen.

Poepen op kantoor? Nee, liever niet. Maar als het écht niet anders kan, doe dan als katten die het nooit in hun eigen tuin doen: neem een grote omweg (altijd een andere), poep nooit op je eigen verdieping en poep alleen als niemand je erop kan betrappen, zelfs als dat betekent dat je tot 23.15 uur op het toilet moet blijven. Neem dus ook altijd wat te eten mee én een aansteker voor als de automatische verlichting na tien minuten uitgaat.

Tip: hoe commerciëler de afdeling, hoe schoner het toilet en neem altijd het middelste hokje. Ik had hier ooit een waterdichte redenering bij, maar die ben ik nu even kwijt.

Maar liever niet dus, dat poepen op kantoor. Logisch, je gaat ook niet bij je minnaar zitten poepen. Het zal dan ook geen verrassing zijn dat de kantoortijger de meest geobstipeerde soort van de schepping is. Ik ken collega's die met fossielen van drollen in hun darmen lopen waar de meest gerenommeerde paleontologen hun vingers bij aflikken. Er is geen andere weg.

Obstipatie en geheimen houden de jungle gezond.

4. KINDEREN EN KANTOOR

Kinderen en kantoor: ze gaan niet samen. Oh, het onbegrip, oh, de blinde haat, oh, de jaloezie die ze in de kantoortuin veroorzaken. Ouders ergeren zich aan de kinderlozen, aan hun verhalen over maandenlange wereldreizen, bunga-bungafeesten en ongebreideld drugsgebruik. Of erger nog: aan de verhalen over weekenden boeken lezen en lui liggen vrijen terwijl zíj twee nachten kots hebben staan opruimen.

Andersom ergeren kinderlozen zich aan de gekste momenten waarop ouders wegmoeten voor rapportbesprekingen, aan het feit dat ze altijd voorrang krijgen bij het verdelen van vakanties en dat ze zonder uitzondering lijden aan het saaieverhalensyndroom in de oeverloze anekdotesfeer gelardeerd met slecht gelukte foto's van apert oninteressante minderjarigen.

Twee kampen, sudderend van onbegrip. *And never the twain shall meet.*

Als kinderen naar kantoor komen, is het helemaal gala. Dan escaleert het uiteindelijk altijd, net als thuis. Dat je net even staat te shinen op de stand-upscrum en dat dán je baas zijn extreem luidruchtige kinderen komt laten zien. En dan maar leuk doen en hopen dat er een gaat lachen – wat natuurlijk nooit lukt, want zo'n kind is ook niet gek. Of dat je net zelf je kind wilt laten zien en dat er dan alleen maar collega's zijn die je de *cold shoulder* geven.

Het is ook niet eerlijk, kinderen. Als érgens geen rechten aan het wel of niet hebben van kinderen zouden mogen worden ontleend, is het op kantoor. Het gaat om je prestaties in de jungle, niet om die in de slaap- of verloskamer. Ik wil een *level playing field.* De kantoortuin is een speeltuin voor volwassenen.

Ik zeg daarom: we stoppen met kinderen. Als u ze hebt, mag u ze gerust houden, ik heb zelf een kind godbetert, maar ik wil er niemand meer over horen op kantoor en ik wil ze al helemaal niet zien. Ik wil dat bedrijven daar een code over opnemen.

Wat natuurlijk wél kan, is een kindermarkt. In het weekend, met kraampjes, PowerPoints, kleding ruilen en fotoalbums met de laatste voetbalwedstrijden, de eerste dagen in de brugklas en verhalen 'dat het steeds leuker wordt'. Waar ouders tips kunnen uitwisselen over luieruitslag, hippe tenten waar je ze gerust mee naartoe kunt nemen en de beste middelbare scholen. Neem de kinderen leuk mee.

En tegen de mensen die vinden dat kinderen een plek verdienen op kantoor zou ik willen zeggen: ga dan ook *all the way*. Dus van school halen en allemaal een eigen bureautje, salarisstrookje en laptopje en niks tekenen en kleuren, maar kopiëren, koffie halen, (door)verbinden en roosters maken.

Ik bedenk nu ineens dat dat in sommige gevallen een verbluffende stijging van de arbeidsproductiviteit zou opleveren.

7 MANNEN EN VROUWEN OP KANTOOR

Mannen en vrouwen verschillen natuurlijk niet zoveel van elkaar – even afgezien van de uiterlijke geslachtskenmerken dan. Zo houdt mijn moeder bijvoorbeeld zielsveel van voetbal en mijn vader niet, houdt mijn vader hartstochtelijk van lezen en mijn moeder niet en kan ik retegoed inparkeren en de meeste van mijn heteroseksuele mannenvrienden niet. Ik bedoel: zou het nou écht zo zijn dat vrouwen emotioneler zijn dan mannen en mannen stoerder dan vrouwen?

En toch en toch en toch. Verdienen vrouwen gemiddeld minder op kantoor, maken mannen gemiddeld vaker carrière dan vrouwen en werken vrouwen een stuk minder dan mannen. Dus de vraag blijft natuurlijk wel relevant hoe je daar op je werk mee omgaat. Daarom in dit hoofdstuk wat tips. Hoe je het glazen plafond schoonhoudt, hoe je meer vrouwen aan de top krijgt en hoe je omgaat met 'pindarotsmannen' en onzekere vrouwen.

Korte samenvatting: mannen kunnen nog heel veel leren van vrouwen en vrouwen kunnen nog heel veel leren van mannen.

1. KAN EEN MAN NOG WEL EEN MAN ZIJN IN DE KANTOORJUNGLE?

Wat ik laatst nou weer hoorde: een man verzuchtte tegen me dat hij 'geen man meer kon zijn in de kantoorjungle'. Alle puur mannelijke eigenschappen die met testosteron, onredelijkheid en vrijheidsdrang samenhangen, werden niet meer getolereerd en waren hem ontnomen in de rap feminiserende kantoortuin, zei hij. Er waren kolfkamers gekomen, vertrouwenspersonen die het woord tiepmiep in de ban deden, vergaderingen waarin vrouwen hun gevoel bij een koerswijziging wilden bespreken en mannen die plotseling tegenover een HR-dame een 360 graden-feedbackgesprek hadden waarin hun manier van communiceren moest worden geanalyseerd.

Scheten en vette boeren waren allang in de ban gedaan.

Mannen moesten gewoon meedoen met vrouwen in hun gesprekken over de sexy koerier en welk merk tampon het best is. Ze mochten niet meer stuurs door de kantoortuin galopperen en vrouwen bevrijden. Sterker nog, die vrouwen redden zich prima zonder hem *thank you* rot eens op, laat staan dat hij hen nog naar zijn grot mocht sleuren.

En dat terwijl de rokjes steeds korter werden.

Het enige dat mannen nog konden doen qua mannelijkheid, zei hij, was hun baard laten staan en hun borsthaar laten zien. Maar dat vonden de vrouwen dan weer schattig en dan gingen ze er vriendschappelijk aan zitten. Hij zei: 'Iedere man die wel eens een cupcake heeft staan weghappen om de van zwangerschapsverlof teruggekeerde collega welkom terug te heten, weet dat het moment voorbij is dat zijn ballen nog op het hakblok lagen.' Hij keek er somber bij toen hij zei dat als we zo doorgingen, de man *as we know him* over tien, twintig jaar zou zijn uitgestorven.

Gelukkig is er een tegenbeweging aan het ontstaan, zei hij. Mannen verenigen zich en maken zich hard voor een eigen ruimte op kantoor waar ze mogen boeren, scheten, pin-ups ophangen, vechten, burlen bij de printer en over tieten praten. Hij had het ook over een krabpaal op kantoor waaraan mannen hun handen konden opruwen zodat ze niet zo babybilletjeszacht meer waren.

We moeten terug naar de prehistorie, zei hij. Toen trokken ze eropuit en schoten ze beesten en zaten de vrouwen met z'n allen in een grot te wachten en te koken en de kinderen te doen tot ze terugkwamen. Zo zou het weer moeten worden op kantoor.

Of ik dat ook niet vond.

Weet je wat ik denk? Ik denk dat dat hele prehistorieverhaal met die grotten en die taakverdeling bullshit is. Heeft ooit iemand dat persoonlijk gecontroleerd, dat die mannen gingen jagen en de vrouwen de bessen gingen verzamelen? Wie garandeert mij dat het niet andersom was? Want dat is namelijk wat ík mijn hele leven al in kantoortuinen om me heen zie: de mannen die in een grot bier zitten te drinken en te kleppen over zichzelf en de vróúwen die eropuit trekken, dieren schieten en alles regelen.

Of een man dus nog een man kan zijn in de kantoorjungle? Ik zou zeggen: zeker. In de jaren vijftig en zestig waren ze even van het pad af, maar als ze terugkeren naar de oertijd, kunnen ze nog duizenden jaren mee.

2. PINDAROTSMANNEN

In mijn bedrijf werken mannen en vrouwen probleemloos samen en worden misverstanden door wederzijds respect, geknuffel en therapie opgelost, maar uit andere bedrijven krijg ik wel eens vragen. Waarom sommige mannen uren aanmodderen voordat ze toegeven iets niet te weten, waarom sommige mannen nog liever hun hond doodschieten dan hun ongelijk toegeven. Waarom je niks meer aan sommige mannen hebt als er een mooie vrouw binnenkomt. Waarom toch altijd dat tijdrovende geprofileer?

Allereerst: mannen en vrouwen verschillen natuurlijk niet zoveel, hè. Het is wel zo dat het vaker mannen zijn die zich hardop lopen te profileren en hun ongelijk niet willen toegeven dan vrouwen, maar ik merk dat ook steeds meer vrouwen de schroom laten vallen en dat gaan doen. En waarom ook niet: waarom zou je je irritante gedrag laten sturen door de grootte van je adamsappel? Maar goed, tips dus. Hoe je met dat soort mannen omgaat.

Mijn eerste tip voor de kantoorvrouw zou zijn: kleed je niet te uitdagend. Een decolleté of lange benen leiden nu eenmaal enorm af. Mannenbenen en -borsten ook natuurlijk, maar die steken gewoon minder uit mannenkleren, goddank. Draag dus liever geen korte rokjes en diep opengeknoopte blouses. Als je mannen haat, is dat juist wel weer verstandig.

Mijn tweede tip voor vrouwen: realiseer je dat veel mannen de baas willen zijn. Dat hebben ze zo van huis uit en van de samenleving meegekregen. Ze zijn het liefst de baas van de hele apenrots, maar een pindarotsje is ook al heel mooi. Gééf ze dus iets om de baas over te zijn. Een afdelinkje, een tafelblok of een kostenunit, roep ze uit tot de koning van de vierkante centimeters van hun eigen bureau, prijs ze, en je kunt weer met ze door.

Hoewel, complimenten geven: doe dat liever niet in een groepje statusgevoelige mannen, of je moet willen dat ze ruzie krijgen. Neem zo'n man liever mee naar een aparte ruimte en laat hem daar uren beppen over zijn successen. Vaak moet je even door die eerste minuten heen, maar je kunt gewoon aan iets anders denken, bijvoorbeeld aan de naderende Tour de France of de targets voor april – dat hebben dat soort mannen niet door.

Kan een man die niet maalt om status met alle gemak zeggen: 'Shit, daar heb je gelijk in,' pindarotsmannen hakken nog liever hun geslacht af, of schieten dus die hond dood, voordat ze hun ongelijk toegeven waar iemand anders bij is. Heb je dus kritiek op zo'n man, doe dat dan liever in een apart kamertje. Daar kun je hem probleemloos tot pulp slaan. Vindt-ie prima. Maar zeg niet dat hij slecht werk heeft geleverd waar anderen bij staan.

Het nadeel van pindarotsmannen is dat ze vrouwen niet serieus nemen. En dat ze het niet fijn vinden als vrouwen meer verdienen, laat staan hun eigen vrouw. Maar het voordeel is dat de meesten van bier houden, van voetbal en van oplossingen. Voor je het weet hebben ze alles voor je geregeld. Wat ook fijn is, is dat werk voor hen niet per se elke dag leuk hoeft te zijn; ze zijn dus ideaal voor vervelende klussen.

Met dat soort mannen is alles vaak korte termijn, je bouwt op kantoor weinig met ze op. Het voordeel: *no hard feelings*, en elke dag zijn er weer nieuwe kansen.

Daar kunnen sommige vrouwen nog wat van leren.

LIEVER NIET TE VEEL MOOIE VROUWEN

Als er mooie vrouwen in de buurt zijn, kunnen mannen minder goed nadenken – iedereen weet dit al, maar nu is het ook wetenschappelijk bewezen. Uit experimenten van de Radboud Universiteit blijkt dat mannen zo druk zijn met indruk maken op mooie vrouwen, dat de rest van hun hersenen minder goed werkt. Als mannen een gesprekje hebben gehad met een mooie vrouw, leveren ze slechter werk dan wanneer ze daarvoor met een (mooie) man hadden gesproken, ik heb het hier uiteraard over heteroseksuele mannen. Bij vrouwen werd dit effect niet waargenomen. Mooie mannen op kantoor zijn dus geen probleem, mooie vrouwen wel.

3. ONZEKERE VROUWEN

Wat een kantoorman me laatst vroeg: hoe ga ik toch met onzekere vrouwen om, op kantoor? Het viel hem op, zei hij, dat dat soort vrouwen oeverloos over hun problemen praat zonder deze op te lossen en vaker genoegen neemt met niksige baantjes die niets opleveren en daar dan weer over gaat klagen. Hoe hij daar het beste mee om kon gaan.

Allereerst: mannen en vrouwen verschillen natuurlijk niet zoveel, hè. Het is wel zo dat het vaker vrouwen zijn die klagen en genoegen nemen met niksige baantjes dan mannen. Het zijn ook vaker vrouwen die parttime gaan werken en niet nadenken over hun pensioen dan mannen, maar ik merk ook dat steeds meer mannen de schroom laten vallen en dat gedrag vertonen. En waarom ook niet? Waarom zou je je financiële onafhankelijkheid laten afhangen van je cupmaat? Maar goed, hier zijn wat tips, voor kantoormannen.

Mijn eerste tip zou zijn: wees niet te uitdagend als kantoorman. De meeste vrouwen hebben een *lousy* seksleven en kinderen die vier keer per nacht wakker worden. Kom dus liever niet aanzetten met een strak lijf en een haarlok voor je ogen. Dan ontketen je passie waar je nog jaren spijt van krijgt. Hou je van vrouwen, doe dan de puppylook met het wat zakkige pak – denk Lodewijk Asscher. Háát je vrouwen, ga dan naar de sportschool en trek te pas en te onpas je shirt uit in vergaderingen om je wasbord te laten zien.

Mijn tweede tip: realiseer je dat veel vrouwen hun onzekerheden hebben gecultiveerd. Dat hebben ze van huis uit en de samenleving meegekregen. Kijk naar de uitpuilende tassen die ze dagelijks meetorsen. Dat soort vrouwen denkt aan de inenting van hun kat of dat hun rokje kan opkruipen, zelfs als ze een PowerPoint voor tweehonderd man staan te draaien. En ze denken altijd dat ze niet goed genoeg zijn.

Dat soort vrouwen praat ook liever niet over oplossingen. Het handhaven van de status quo is voor hen vaak overzichtelijker dan alles weer veranderen met een oplossing. Geef hun daarom de illusie van controle. Werk dat snel afkomt en snelle vergaderingen zonder nodeloos geklets over Louis van Gaal. Geef complimenten. Hoewel complimenten geven aan dat soort vrouwen best lastig is. Omdat ze je zelden geloven en omdat in de *Linda* altijd wel weer een artikel staat waar ze onzeker van worden. Maar doe het toch: zeg gewoon dat ze goed zijn in hun werk, slim zijn of een mooie jurk aanhebben – iemand moet het doen.

Het nadeel van dit soort vrouwen is dat ze de meeste mannen veel te serieus nemen. Het voordeel is dat ze er geen enkel probleem mee hebben dat ze minder verdienen, dat werk voor hen vooral 'leuk' moet zijn en dat status geen issue voor ze is. Je kunt hier je voordeel mee doen. Met dit soort vrouwen kun je iets opbouwen.

Daar kunnen heel veel mannen nog wat van leren.

4. HOE KRIJG JE MEER VROUWEN AAN DE TOP?

Ik denk dat een man het glazen plafond heeft bedacht. Want een glazen plafond is helemaal niet praktisch. Je ziet er elk vogelpoepje op en het is een enorm takkewerk om schoon te houden. Toch denk ik dat veel vrouwen een glazen plafond best comfortabel vinden. Je hebt goed zicht, je kunt hoog komen maar niet té hoog, en je wordt niet nat. Mannen houden meestal niet zo van glazen plafonds. Die hebben liever een open dakje.

Ik kom erop omdat iedereen me voortdurend vraagt wat ik er nou van vind, van dat Glazen Plafond. En of ik vind dat er een verplicht quotum moet komen voor vrouwen aan de top om het aan gort te slaan. Dan zeg ik altijd dat ik geen zin heb om er iets over te zeggen. Dat zeggen ook al mijn leuke vriendinnen en collega's. Want feminisme is niet cool. Maar we weten ook allemaal: als we niets doen, zitten we over twintig jaar nog steeds met het old boys-network in de boardroom en secretaresses die de koffie brengen.

Ik snap die mannen aan de top heel goed. Die willen geen vrouwen op hun theekransje. Heb je jarenlang lekker cynisch over vrouwen lopen doen met de jongens aan de vergadertafel en je incapabele vriendjes benoemd, moeten er nu ineens meisjes bij. Alsof je wordt gevraagd te stoppen met voetbal en over te schakelen op korfbal.

En toch, quota werken helaas niet – zo ben ik ook opgevoed als econoom. Als je gaat lopen klooien aan de gouden wetten van vraag en aanbod, moet je miljoenen uitgeven aan toezicht, krijg je boterbergen, melkplassen, corruptie, kartels, ontduiking en andere ellende.

Het begint al bij de definitie van zo'n vrouwenquotum. Want wat verstaan we nou eigenlijk onder een vrouw? Maar ook: wat is dan een man? Moet dat een echte man zijn, en wat is dan een echte man? Is een echte man niet eigenlijk een vrouw, of andersom? Als je op die manier gaat meten kan het heel goed zijn dat je al genoeg wijven aan de top hebt. Er schijnen stenen fallussen in de handel te zijn die je als vrouw op tafel kunt leggen bij het onderhandelen, maar ik denk dat daar niet de oplossing ligt.

Ik denk dat de enige oplossing ligt in alles compleet andersom doen de komende jaren. Maar dan ook álles. We stoppen dus met vragen aan kantoorvrouwen wanneer ze kinderen denken te gaan krijgen en HOE ZE HET GAAN REGELEN als ze ze hebben: dat gaan we in het vervolg aan mannen vragen. Verder gaan de mannen communicatiewetenschappen studeren en eens wat vaker hun mond houden, en gaan de vrouwen chemie, economie en wiskunde studeren en voortdurend hun mening geven bij Jeroen Pauw. Tot slot houden de vrouwen op met steeds te zeggen dat ze 'iets niet kunnen', gaan ze in korte, bondige zinnen communiceren en vinden ze het heel normaal als ze eens een keer vier avonden in de week tot elf uur moeten werken. De mannen maken we daarentegen steeds heel onzeker door te vragen of ze werk en zorg nog wel kunnen combineren, dat ze een dikke reet hebben in dit pak en we laten ze steeds zeggen: 'Sorry, let maar niet op mij.'

En als we dan tóch quota willen, wil ik overál quota. Een laag quotum van minder aantrekkelijke vrouwen bijvoorbeeld op de bedrijfsborrel. En minder testosteronmannen bij een vergadering, meer vrouwen bij het bedrijfsvoetbal en af en toe alleen mannen en vrouwen bij elkaar op het toilet. En als niets werkt, zou ik zeggen: we ontslaan een kwart van de mannen aan de top en zien daarna wel verder.

Zou iemand het merken?

5. VROUWEN DIE PARTTIME WERKEN

Ik zeg het maar meteen: ik snap ze niet, al die Nederlandse vrouwen die massaal maar drie dagen of minder per week willen werken.

Slechts rond de twintig procent van de vrouwen heeft in Nederland een volledige baan. Dat was in de jaren negentig ook zo, maar toen hadden we Michael Jackson nog, geen iPhone en sjoelden we op lange, donkere winteravonden. Nu de vrouwen steeds hoger opgeleid zijn, het werk duizend keer leuker is en de wereld steeds uitdagender wordt (hoewel helaas zonder Michael Jackson), willen vrouwen nog stééds niet meer werken in Nederland. Ik vind dat onbegrijpelijk.

Want drie dagen of minder: kom op zeg. Je kunt niet een beetje zwanger zijn, een beetje integer of een beetje monogaam getrouwd. Je kunt dus ook niet een beetje werken. Ik vind: als je werkt, moet je er honderd procent voor gaan – of tweehonderd procent commitment hebben als je bij sales werkt. Ik vind dat je collega's er gewoon op moeten kunnen rekenen dat je er elke dag minstens twintig uur voor ze bent. Dat je naar elke borrel kunt, dat je naar elke klaagzang over de baas kunt luisteren, dat je elke heidag meelijdt en dat je elke saaie PowerPoint samen tegemoet kunt treden, hand in hand.

Je bent een kantoortijger of je bent het niet.

Ik vind daarom dat mensen die vrijwillig zo weinig willen werken, moeten worden uitgesloten van privileges. Als je er maar zo weinig tijd in stopt, dan ook geen roddels en zeker geen kroketten. Over vrouwen die nog minder dan parttime werken met een thuiswerkdag wil ik het niet eens hébben.

Ik snap de argumenten ook niet van die vrouwen. Dan zeggen ze: er is meer in het leven dan werken. Dan denk ik: hoe weet je dat als je nooit méér hebt gewerkt dan drie dagen per week? Werk is als seks of een relatie: het is niet altijd makkelijk. Maar hoe meer tijd je erin stopt, hoe beter het wordt en als je geen zin hebt, dan maak je maar zin.

Maar goed, stel dat het waar is, dat er meer is in het leven dan werken, dan vind ik het nogal egoïstisch dat je dat dan blijkbaar niet gunt aan je man en aan al die miljoenen vrouwen buiten Nederland. Hebben zij geen recht op méér in het leven? Als al die parttime werkende vrouwen nou eens wat meer zouden werken, dan konden we de pijn een beetje verdelen. Of zouden ze hun man stiekem achter zijn rug uitlachen dat hij dat allemaal niet doorheeft? Dan vind ik het hardvochtig.

Ik denk bovendien dat het helemaal niet goed is om zoveel thuis te zijn. Daar krijg je alleen maar ellenlange gesprekken met je vriendinnen van die ook allemaal parttime werken – hoe het nu écht met je gaat en of je wel gelukkig bent, en voor je het weet heb je een huwelijkscrisis, ga je je kinderen haten en heb je een burn-out.

Voor je kinderen is het al helemáál niet goed als je er te veel bent: hoe meer mythevorming over mama, hoe beter. Bovendien: ze moeten iets hebben om zich tegen af te zetten en je kunt beter hebben dat je kinderen zich tegen je afzetten omdat je er te weinig was, dan te veel. Lijkt mij.

'Ja, maar hij verdient meer, dus is het logisch dat ik minder ga werken,' zeggen vrouwen dan. Dan denk ik: als je altijd minder blijft werken, zúl je ook nooit meer verdienen. En natuurlijk willen je kinderen dat je thuisblijft! Ze willen ook pannenkoeken, softijs en een Xbox.

Maar bovenal denk ik: als je het zo belangrijk vindt dat er een ouder thuis is, denk dan ook eens aan papa. Echt, papa's zijn hartstikke leuk en ze kunnen meer dan je denkt, zeker met kinderen.

Als je als moeder een dikkere baan hebt, laat je bovendien aan je kinderen zien dat je je eigen boodschappen kunt betalen, ook als papa er met een ander vandoor gaat, dat je over werkdingen kunt meepraten en dat je ook ergens anders de baas van kunt worden dan van je kinderen. Je hebt dan bovendien iets opgebouwd om je op te storten als je kinderen het huis uit gaan.

Ik zou daarom op deze plek alle leuke vrouwen die nu

liever thuiszitten willen oproepen nog eens na te denken over werk, zorg en carrière. En denk dan dus ook nog eens aan je man, aan je kinderen, aan een leuke oppas maar vooral aan ons: al die collega's die het nu zonder jullie moeten doen.

En denk ook eens aan wat er gebeurt als jullie allemaal parttime blijven werken. Dan zullen vrouwen nooit gelijkwaardig worden aan mannen, nooit dezelfde kansen krijgen en nooit evenveel verdienen.

Ik ben zo iemand die dat erg vindt.

8 VAKANTIE

Iedereen die wel eens op vakantie is geweest weet het: het is daarna heel moeilijk om weer op te starten op kantoor. Mijn beste vakantieadvies voor op kantoor is dan ook: ga NIET op vakantie, ga niet op sabbatical en neem nooit een dagje vrij. Waarom? Omdat je dan misschien nooit meer terug wil naar je werk, en dan ben je nog verder van huis.

Maar goed, stel je gaat tóch op vakantie. Hoe pak je het dan aan als je weer teruggaat? Hoe overleef je de vakantieverhalen van je collega's, hoe overleef je de dagen dat er geen reet te doen is in de zomer op kantoor en wat doe je eigenlijk met je vakantiegeld? Het staat allemaal in dit hoofdstuk.

Korte samenvatting: vakantie vier je het best op kantoor.

1. GA NOOIT OP VAKANTIE

Ik hoor collega's vaak klagen dat ze 'zo toe zijn aan vakantie' en dan vooral in de zomer. Ik snap dat nooit. Het is juist heerlijk op kantoor in de zomer. Geen reet te doen, de saaie mensen met de kinderen zijn weg en de leuke collega's blijven over. Altijd parkeerplek, lege treinen, iedereen optimistisch, geen gezeur over de ondernemingsraad en altijd vooraan bij de kroketten. Kantoor is ook de ideale plek om al die hysterische zomerevenementen te ontlopen die je stad ontwrichten.

Als je goed luistert, kun je in de zomer het bruto binnenlands product omlaag horen gieren in alle kantoortuinen. Maar dat weegt ruimschoots op tegen de voordelen voor de thuisblijvers. Urenlange vrijmibo's, lekker met z'n allen naar het zwembad en je grijpt nooit mis bij de taart, het snoep en het printerpapier.

De ontspanning.

De ijsjes die rond drie uur worden uitgedeeld. Dat je twee uur eerder naar huis kunt en nóg de laatste bent op kantoor. Iedereen tijd voor een praatje. En dat je de rest van het jaar kunt zeggen dat je de hele vakantie hebt doorgewerkt (terwijl er niks te doen was en jij in de drukste tijd op vakantie kunt).

Vakantie is sowieso het fijnst als je thuisblijft. Niet in de rij voor overschatte musea, geen geruzie over wie de koelbox moet dragen. Geen bergen om op te zwoegen, geen exotische darmamoeben, geen oorontstekingen van vieze zwembaden, geen fitties wie bij het raampje mag en al helemaal geen verrassingen over de slaaparrangementen (met uitzicht op de ronkende airco op de binnenplaats).

Ik zie altijd zo op tegen de zomer in het buitenland. Dat ze nergens je eigen bed hebben, dat je nergens heen kunt als je verbrand bent, dat je kansloze rosé moet drinken en moet sjokken – vieze bussen in en authentieke dorpjes door. Dat je gebeurtenissen moet uitstippelen en routes, en dat nergens je collega's zijn om er heel hard om te lachen, romantisch mee over te mailen of het hele zaakje mee af te pilsen.

Ik ga wel hoor, en ik klaag er natuurlijk ook niet over, vakantie is tenslotte een verworven recht waar we met z'n allen heel lang voor hebben moeten vechten. Maar eigenlijk zit ik op vakantie die hele kantoorjungle altijd vreselijk te missen. Een paar dagen voor ik terugga, ben ik al opgewonden dat ik iedereen weer zal zien. En dat ik er weer zal zitten, achter mijn bureau.

En als ik de Douwe Egberts-reclame op Schiphol weer zie, met van die Hollandse slierten regen erachter tegen de ruiten, overvalt me een diep gevoel van dankbaarheid, vervulling en bevrijding. Want er is maar één ding mooier dan op vakantie gaan naar verre streken. En dat is terugkeren.

Terugkeren op kantoor.

2. HOE OVERLEEF JE DE VAKANTIEVERHALEN VAN COLLEGA'S?

Om de een of andere reden, en niemand weet meer waarom, is de zomervakantie het belangrijkste evenement van het jaar geworden op kantoor.

Het gelazer begint al in januari met de verhalen: 'Als je nu niet boekt, zijn alle goede landen al bezet.' Daarna is het maandenlang 'voorpret' geblazen, en gedram of je al weet waar je heen gaat. De suikerzakjes die steeds op zijn omdat die meegaan naar de camping, het eindeloze gestress om alles af te krijgen voor vertrek, het gehannes met de afwezigheidsassistent, de kilometers zwembroektweets als ze er eenmaal zijn, en na afloop het grote pochen. En dan bedoel ik de collega's die bij de geringste aanleiding als een duizendklapper afgaan over 'pure plekjes' en 'authentieke "locals" die geheel ongedwongen de salsa met je dansen' en dat ze altijd meer zon hebben gehad dan jij.

En dan is er ook nog je eigen vakantie. Dat je na maanden muisklikken eindelijk een revolutionaire locatie hebt geboekt aan de Mississippi, maar dat die eikel die elk jaar naar Madeira chartert weer een veel beter verhaal heeft. De stapel boeken die je altijd verplicht moet lezen, de werkmail die je gewoon binnenkrijgt op het strand maar waar je niks mee kunt, en dat je nog maanden behandeld moet worden voor die exotische vliegenbeet.

Niet voor niets dat veel mensen me vragen: hoe overleef ik de zomervakantie-ellende op kantoor?

Wat je kúnt doen, is van half januari tot eind oktober kleine oordoppen dragen om het gezeur te blokken. Maar het risico bestaat dat je dan borrels en kroketten mist. Veel beter is het om te bidden om kracht en te demotiveren. Dus als ze van wal steken over Kenia, zeggen dat daar net een uitbraak van herpes of *whatever* plaatshad. Of iets ontmoedigends zeggen over je eigen vakantie als: 'Helaas kregen we te maken met een heel nare geslachtsziekte,' en: 'Weken regen gehad.'

Het mooist zou zijn: op vakantie gaan, maar niemand heeft het erover. Ineens ben je drie weken weg en als je terugkomt, is er geen haan die ernaar kraait.

Maar het állermooist is natuurlijk toch gewoon de vakantie óp kantoor. Ontspanning is er overal, lieve mensen. Het is dat loopje naar het kopieerapparaat. In de lift naar boven en drie minuten absolute stilte. Wegdromen in de donkere ogen van de jongen van contentmarketing. Het is de rust die over je komt als je baas explodeert in een vuurwerk van onredelijkheid. En overal kun je het water gewoon drinken.

Vakantie vier je het best op kantoor.

DE VIJF VAKANTIEVERHALEN DIE JE NIET WILT HOREN:

1. Alle verhalen over wakeboarden, surfen, freestyle-skiën en kite/bungee/wildwaterjumping – tenzij je dat zelf ook gedaan hebt.
2. Alle verhalen waarin 'lekker uitgerust' en 'heerlijk genieten' voorkomt.
3. Alle verhalen met 'spotgoedkoop' en 'omgerekend in euro's'.
4. Alle verhalen met 'pure lokale producten' en 'dat kan daar nog gewoon'.
5. Alle verhalen die eindigen met: '... en in september gaan we ook nog drie weken'.

3. HOE START JE JEZELF WEER OP NA DE ZOMER-VAKANTIE?

Ik zeg dus net dat je niet op vakantie moet gaan. Blijf gewoon lekker thuis en dan vooral op kantoor. Lekker in je eigen bed, lekker rustig in de kantine, geen dorre musea of familieruzies op vieze stranden. Maar goed. Er zijn altijd van die mensen die toch altijd weer gaan en die mensen vragen me altijd: hoe start ik weer op na de zomer op kantoor?

Wat ik die mensen kan adviseren: maak het gat tussen vakantie en kantoor zo klein mogelijk. Neem, net als met een jetlag, zo snel mogelijk het kantoorritme weer aan, help eerst jezelf, dan pas je kinderen en *breathe normally*.

Je hebt op vakantie dus gewoon doorgewerkt, je komt zo laat mogelijk terug, slaapt de nacht voor je terugkeert niet en houdt desnoods je Speedo een week onder je pak aan.

Vervolgens is het een kwestie van onzichtbaar invoegen. Weiger je dus te laten meeslepen in beleefdheidsuitwisselingen over je vakantie, onderdruk je verlangen je collega's ritueel te frituren en realiseer je dat niemand, maar dan ook niemand op je vakantieverhalen zit te wachten. Ik wil al helemaal geen vakantiefoto's zien. Houd hooguit één overzichtelijke anekdote achter de hand voor die ene oude, beleefde collega die volgende maand met pensioen gaat. Zo ging dat vroeger nu eenmaal.

Zorg verder dat er flink veel te doen is. Regel al voordat je weggaat een lekker volle agenda op je terugkomdag met vijf stavaza's (stand van zaken-meetings), spreek om kwart voor vijf 's middags af met de saaiste collega en zorg dat de koffieautomaat stuk is. Op die manier ontloop je ook het makkelijkst je baas, die natuurlijk weer bruist van de nieuwe ideeën die jij allemaal mag gaan uitwerken. Niets zo gevaarlijk als een uitgeruste baas naar wie niemand op vakantie geluisterd heeft. Zijn vrouw, haar man, de kinderen? Ik dacht het niet.

Vervolgens bestel je bij de lunch vier glazen witte wijn en mag je slechts twee keer zeggen 'dat je het even gemist hebt' omdat je op vakantie was.

Tot slot sla je hard met je hoofd tegen de muur en steek je hem een nacht in het zand. Aan het einde van de dag zeg je dat je 'het gevoel hebt dat je er alweer maanden zit'.

Je ziek melden is de eerste vier weken niet toegestaan.

4. HOE OVERLEEF JE DE DAGEN DAT ER NIKS TE DOEN IS OP KANTOOR?

De zomer op kantoor is een magische tijd en het is zaak de afwezigheid van je collega's goed te benutten. Dit is de tijd voor revoluties: de aanschaf van een nieuwe koffieautomaat, een champagnefontein, de invoering van de eendaagse werkweek, een inpandige verhuizing (alle leuke mensen naar de zesde verdieping!) en dan alle muren rood verven en rum drinken.

Maar als je dat allemaal hebt gedaan, is het soms nog best lastig je werkdag vol te krijgen. Iedereen die je belt is 'even' twee maanden 'van zijn plek', op een gegeven moment heb je alle pretparken en uitjes met je collega's afgevinkt en heb je het wel weer gehad met je verbrande rug in je eigen tuin.

Je kunt natuurlijk weer faken dat je het heel druk hebt, wat je altijd al doet. Of stoppen met werken in de zomer, gaan we dan dood of zo? Ik dacht het niet. Maar ik heb een beter idee: we gaan eindelijk eens al die dingen doen die al jaren blijven liggen op kantoor. Bureaus opruimen bijvoorbeeld. En als we geen bureau hebben (flex!), dan pakken we de bureaus van onze collega's.

Stapels kindertekeningen wegflikkeren dus, cruciaal archiefmateriaal de bak in en aangekoekte tosti-ijzers en op elkaar geplakte gebaksbordjes naar de vuilstort. Neusvretende collega's duw je met hun bureaustoel zo de lift in en hup, op het knopje parkeergarage. Dát is schoonmaken, mensen.

Daarna gaan we eindelijk eens écht teambuilden. Alles tellen wat er te tellen valt op kantoor bijvoorbeeld. Alle gummetjes, alle notitieblokken, alle flessen wijn bij het secretariaat. Vervolgens gaan we een uurtje dingen tegen elkaar roepen die in ons opkomen (DIKBLEEK, VERWARMINGSKETEL, BROEKJE) en na afloop in groepjes verklaren wat het betekent. We gaan ook nieuwe woorden verzinnen voor 'chill' en 'bizar' en spreken af dat we 'meeting', 'CFO', 'CEO', 'COO' en 'targets' niet meer gebruiken.

De volgende dag gaan we kijken wat het afdelingskeukentje allemaal aankan. We proberen de grootste paella ter wereld te maken, we testen of de mais popt in de waterkokers en we gaan knallen met de brandblusser.

Ik ga in ieder geval EINDELIJK eens mijn billen kopiëren. Dat heb ik altijd als eens willen doen. En ik wil kijken wat er gebeurt als je 's nachts op kantoor blijft, hoeveel pallets papier je kunt printen met één toner en wie de meeste kroketten op kan. Daarna zetten we de hele inventaris op Marktplaats en beginnen we verkwikt en verfrist in een leeg kantoor.

Natuurlijk is het soms even doorbijten in de zomer, maar de voldoening na afloop is enorm.

5. VAKANTIEGELD

Een van de mooiste momenten in het jaar is het moment dat het vakantiegeld binnenkomt. Een grote puist euries die de baas meestal ergens in mei op de rekeningen van alle kantoortijgers stort en daar dan staat te pulseren en te shinen tot je helemaal nerveus wordt van alle glimmende fata morgana's die je ermee zou kunnen bereizen.

Begrijp me niet verkeerd, ik ben er enorm blij mee en ik heb mijn baas er ook weer het jaarlijkse bloemetje voor gestuurd. En ik wil iedereen er natuurlijk van harte mee feliciteren, want wat hebben jullie er ook weer hard voor gewerkt dit jaar! Man man man, ik vind dat we daar best een beetje trots op mogen zijn met z'n allen.

Maar het blijft natuurlijk een prehistorisch reliek, dat hele vakantiegeld. Een overblijfsel uit de tijd dat er nog yuppen waren, faxen en jubileumhorloges. Dat je werkgever bepaalt dát je spaart, hoeveel, wanneer je het krijgt en waarvoor het allemaal is (omdat we dat altijd al zo deden in Nederland, dus gaan we er ook mee door, want ja, zo is het nu eenmaal en die traditie pakken ze ons niet meer af).

Wat ik ervan vind? Ik vind het een totaal verkeerd signaal – vakantiegeld. Je baas die tegen je zegt: ga jij eens heel snel op vakantie, nú genieten en rap een beetje! Alsof je niet onmisbaar bent en überhaupt weg zou kunnen. Het lijkt mij ook helemaal niet de bedoeling om op vakantie te gaan als je voor hetzelfde geld ook kunt werken.

Het is ook gewoon te veel ineens. Het brandt in je zak, dat vakantiegeld. En je zit je er het hele jaar mee rijk te rekenen. Bij alle grote dingen die je koopt, zeg je vanaf september al: 'Ja, dat doe ik van mijn vakantiegeld.' En als het dan écht komt, heb je het al vier keer uitgegeven, laat je er de riolering van doorblazen (*down the drain*) en als de vakantie komt, gaat de wasmachine stuk en sta je weer rood tot volgend jaar mei.

En dan de onrust nog die vakantiegeld veroorzaakt. Het idee dat je weg kunt van kantoor en dat het ergens anders beter is. De totale verlamming van het moeten kiezen tussen witte stranden en wilde bergkammen. Dat ene moment dat je denkt dat je zonder je collega's zou kunnen – doodeng. En dan de chaos die uitbreekt. Ik ken kantoren waar op vakantiegelddag het hele netwerk vastloopt omdat iedereen tegelijk reizen naar Kiribati gaat zitten boeken.

Ik zou dus zeggen: we stoppen met dat vakantiegeld en geven het aan het onderwijs – soberheid zal ons redden bovendien. En als we dan toch bezig zijn, laten we dan ook stoppen met dat andere fossiel uit de tijd van de FNV: vakantiedagen. Laten we gewoon weer lekker naar kantoor gaan op Bijbelse dagen, zodat je niet meer op Hemelvaartsdag, Pinksteren, Pasen en wat al niet moet gaan verzinnen wat je de hele dag weer moet gaan doen. Terwijl als je in januari de hele maand in bed wil blijven liggen, dat dus niet mag. Ik zou dus zeggen: afschaffen die handel. In de beperking van kantoor toont zich de meester.

Zuinigheid met vlijt bouwt kantoorjungles als kastelen.

9 KERST EN OUD EN NIEUW OP KANTOOR

Wat me het vaakst gevraagd wordt op kantoor – na de vraag 'hoe ga ik met mijn baas om', 'hoe krijg ik een hoger salaris' en of je al dan niet mag huilen tijdens je functioneringsgesprek – is of je nou wel of niet moet zoenen met je collega's als je ze een goed nieuwjaar wenst. Man man man, wat een gezeur, of er geen ergere dingen zijn op kantoor om je druk over te maken.

Maar goed, jullie vragen, ik draai, dus daarom in dit hoofdstuk nog maar eens op een rijtje gezet hoe je de tijd rond kerst en oud en nieuw het beste kunt aanpakken op kantoor. Hoeveel je mag drinken tijdens de recepties, of je wel of geen kerstboom op je werk mag zetten, of je wel of niet doorwerkt met de kerst en of je nou dus wel of niet je collega's zoent.

Korte samenvatting: ga er gewoon eens vól in dit jaar, kijken wat er gebeurt.

1. HOE OVERLEEF JE KERST EN OUD EN NIEUW OP KANTOOR?

Je kunt op twee manieren in de kantoorjungle gaan zitten: als een meurende zak aardappelen die de hele dag roept dat hij een kutbaas heeft, te weinig verdient en liever op het strand had gezeten, of als een fladderende lentebloem die zachtjes wiegend licht en liefde verspreidt.

Grofweg gezegd dan.

Ik ben altijd heel erg van de lentebloemoptie, maar er zijn periodes op kantoor dat zelfs de grootste optimist er geen gat meer in ziet. En dat is natuurlijk de tijd rond kerst en oud en nieuw met de nieuwjaarsreceptie als trap na. Een periode die alle stress, vertwijfeling, eenzaamheid en ellende in de kantoortuin uitvergroot en erger maakt. Alsof er een baby wordt geboren in een stal en dit de eerste drie maanden erna zijn.

De zoenen op de nieuwjaarsreceptie waar je al maanden tegen opziet. De collega's die plakkerige borstplaat, waxinelichtjes en amaryllissen plaatsen op plekken waar dat best lastig uitkomt. De huichelachtige wensen van mensen van wie je net blij was dat je hen was vergeten. De relatiegeschenken die met vrachtwagens vol naar binnen worden gereden maar nooit voor jou zijn. Het kerstpakket.

De collega's die er 'uit principe niks aan doen', de collega's die alles al in juli pico bello hadden voorbereid en daar héél graag over vertellen. Het moment dat iedereen met ironische kersttruien op de borrel staat en jij weer in je verwassen glittertruitje uit 2004. De collega's die steeds zeggen: 'Vandaag is mijn laatste dag.' Dat er zelfs een Richtlijn Kerstversiering op de Werkplek is, godbetert. De eenzame collega's die geen warme dagen hebben om naar uit te kijken en stilletjes lijden.

Het ergst is natuurlijk niet eens dit alles, maar dat het al sinds eind november nergens anders over gaat. Dat gevraag de hele tijd 'of je nog wat leuks gaat doen met kerst' en dat je dan moet zeggen dat je alleen thuiszit. En als je dan uit beleefdheid terugvraagt wat zíj gaan doen, dat ze dan zeggen 'niks bijzonders' en dan kómt er vervolgens een verhaal: over een groot landhuis in Frankrijk waar ze met een groep vrienden 'elk jaar' heen gaan, over glühwein, vuurkorven en een hooizolder waar de kinderen slapen, en over een zelf geschoten everzwijn dat ze roosteren boven de haard terwijl de mannen cranberrysaus maken van cranberry's uit eigen tuin. En dat ze geen wijn hoeven mee te nemen, want hun Franse schoonzus heeft een klein champagnehuis, die komt met een bus vol. En dat iedereen dan nog dagen blijft hangen, tot het laatste stukje varken op is. En met oud en nieuw doen ze ook niks bijzonders. Dan...

Hou je kop.

Niet gek dus dat mensen willen weten: hoe overleef ik kerst en oud en nieuw op kantoor?

Mijn advies zou zijn: schud de aardappelzak af en doe eens een lentebloem. Ga er gewoon eens vól in dit jaar, kijken wat er gebeurt. Dus niks stap terug, lijden en uitzitten, maar een stap naar voren, en december en januari omarmen. Dus hop, die jarretelles aan, een heupflacon erin en een slok elke keer als je het woord 'schoonmoeder' hoort. En verder veel ondernemen.

Dus zélf eens die kerststukken kopen, die amaryllissen, die borstplaat en die ballen. Voor elk bureau wat – denk steekwagentjes. En lachen om de grapjes van de baas in de nieuwjaarsspeech, juist als ze niet leuk zijn.

Laat verder stickers drukken met 'kerst is een KANS' erop, en laat je emoties lekker komen. Trek een konijn uit het bos, braad het en dien het op voor je afdeling, timmer een tien meter hoge kerstboom van kale planken en zet hem in de hal. Nodig grote groepen zwervers uit voor chocomel met rum, rooster kastanjes in de parkeergarage en regel een levende kerststal met boerderijdieren. Impregneer jezelf en wees een levende fakkel waaraan je collega's zich kunnen warmen.

...EN DE NIEUWJAARSRECEPTIE DAN? ZOENEN OF NIET??

En doe dat vooral ook op de nieuwjaarsreceptie. Mensen vragen me al sinds september hoe dat nou toch moet met die zoenende collega's. Dan zeg ik: jongens, jullie weten hoe ik erover denk. Mensen die niet naar de receptie gaan, vind ik te makkelijk. Ook hier geldt weer: geen aardappelzakken, maar lentebloemen.

Dus spuit die ludieke slagroombaard op je wangen en duik erin. Zoek de collega met de snor met de stukjes erin en smeer hem helemaal onder. Achtervolg de creep van ICT tot op het toilet. Knuffel de kazige baardman tot hij een ons weegt, en haal na afloop een tetanusspuit en ga lekker in bad.

Weet je wat het is? Kerst is het New York van de kantoortuin. Als je het hier maakt, kun je het overal maken. Ik zou dus zeggen: maak van december en januari op kantoor je eigen Britse kerstfilm waar iedereen gelouterd uit komt.

En als het mislukt, kun je er altijd volgend jaar weer als een zak aardappelen bij gaan zitten.

2. DE KERSTBORREL

Zoals jullie weten, pleit ik graag voor een uitbundige kerst op kantoor. Met laveloze kerstborrels, zingende kerstkaarten, plakkerige kerstsnacks, wanstaltige kersttruien, rijkgevulde kerstpakketten en genadeloze kerstkaters.

Tegelijkertijd merk ik natuurlijk ook wel dat kerst op kantoor een enorme wissel trekt op de mensen. Collega's hossen op hun tandvlees van de ene festiviteit naar de andere. Ik hoorde er laatst een klagen dat als hij alle nieuwjaarsborrels, eindejaarsevaluaties en 'targets voor het nieuwe jaar'-meetings waarvoor hij was uitgenodigd zou bezoeken, hij deze maand zijn bed niet zou zien. En maar constructief het glas heffen, netwerken, terug- en vooruitkijken.

Ik zag een keer met kerst een hipster met kerstballen in de baard voorbijkomen. Dat was het moment waarop ik dacht: wat als we de kersttraditie op kantoor eens wat meer zouden spreiden over het jaar? Dus in plaats van alle warme gezelligheid in één maand te proppen, deze als een dun laagje goudstof over het hele jaar uitsmeren? Voor de mensen die het elk jaar van half november tot half januari weer zwaar hebben, wordt kerst dan vanzelf minder beladen, en voor alle anderen is werk dan gewoon elke dag een feestje.

Bijkomend voordeel is dat er dan sowieso meer gebeurt op kantoor. Als ik heel eerlijk ben, vind ik de maanden februari, maart, april, september en oktober momenteel eigenlijk gewoon te saai op het werk. Om over de zomer, januari en mei nog maar te zwijgen. Ideaal om juist dán de kerstsfeer uit te rollen zodat er altijd wat te delen, zin te geven en te omarmen valt.

Om te beginnen dacht ik aan een champagnekoeler naast de koffieautomaat, een whiskyautomaat bij de ingang en een mojitobar in het afdelingskeukentje. Ik wil ook elke dag verse mistletoe boven de liftdeuren, elke dag om vijf uur bitterballen en altijd in je paillettenjurk of Christmasjumper naar de zaak. In de zomer zijn er dan kerstborrels met het thema 'Kerst op Hawaii'.

We kunnen dan ook eindelijk elke vrijdag gaan terugkijken op de week. Geen jaaroverzicht dus, maar elke week een geëmotioneerde baas met een mail dat je eerder naar huis mag 'als het werk het toelaat'. Elke maand een dertiende maand wordt nog wel een uitdaging, maar ik stel toch voor dat we de mogelijkheid onderzoeken.

Verwatert daardoor de kerstgedachte niet, hoor ik

jullie zeggen. Jongens, juist niet. Wat ik namelijk nú vaak merk, is dat collega's een maandje sociaal en meelevend doen, dat je een kerstpakket in je mik gedrukt krijgt en dat als de kerstboom is afgetuigd, iedereen weer de tering kan krijgen.

Als we elke dag Kerstmis vieren, wordt naar elkaar omzien pas écht een onderdeel van de bedrijfscultuur en kunnen we het als een stralende ketting over de wereld in andere kantoorjungles laten landen.

De kerstgedachte zou toch potdomme elke dag een kans moeten krijgen op kantoor.

3. KERSTAVOND OP KANTOOR

Ik weet niet hoe het met jullie is, maar voor mij komt de dreun elk jaar toch weer onverwacht: de kou, de sneeuw, de duisternis – de onverbiddelijkheid van de winter. Fiets je de ene dag nog fluitend in je bikini naar kantoor, het volgende moment moet je iemand bellen om je te komen loskrabben van je fiets omdat je je winterjas weer eens te laat naar de stomerij hebt gebracht. Om over de koude voeten, haperende accu's en spekgladde bruggetjes nog maar te zwijgen.

En ineens wordt het nooit meer licht.

Ik zie mijn collega's worstelen met het kille duister. Witte gezichtjes, natte regenpakken. De kantoorjungle ligt er stilletjes bij – de lethargie als een deken over de printers. Een groepje pinguïns kan een ommetje maken bij de koffieautomaat zonder dat iemand het merkt, ergens wordt hardop verlangd naar een dekbed – je hebt geen weerstand. Het enige dat het leven nog waard maakt geleefd te worden, is klagen over de NS die gelukkig elke dag verzaakt.

Ik ken mensen die in de winter het werk een paar maanden willen stilleggen voor een gezamenlijke winterslaap. Ik hoor wat ze zeggen en ik begrijp ze. En tóch ga ik een lans breken voor de storm, de natte sneeuw en de ontbering. Want juist de winter toont wie de doorzetters zijn op kantoor.

Neem 24 december. De dag dat er niemand maar dan ook echt NIEMAND op kantoor is. Want te koud, want 'lekker alvast vrij voor kerst', want 'wat moet je op kantoor als er toch niemand is', want lamlendig, want ik zit even met mijn neus in het decolleté van die dirndl op de après-ski. Of nog erger: verplicht vrij.

Behalve wij dus.

Jongens, nu we toch even onder elkaar zijn: wat een losers, die thuisblijvers. Hoorde je óns klagen toen we ons uit de warme, zure lappen wurmden terwijl de strooiwagen langsreed? Toen we met blote voeten op de ijsvloer gingen staan? Toen de ijskoude regen in ons gezicht striemde? Nee. Juist toen gingen we naar kantoor. Om onze plicht te doen, om de zaak te redden, om ons mannetje te staan, om de schouders er samen onder te zetten, om het paard achter de wagen te spannen.

Als je op 24 december op kantoor bent, heb je het begrepen. Je bent een winnaar. Als je dan niet in een depressie schiet, gaat het nooit meer gebeuren. Je bent een rasoptimist. Je trakteert op champagne en cognac. De NS, het Midden-Oosten, het nakende kerstdiner met je schoonmoeder: niets krijgt je klein.

Hoezo is er niks te doen op kantoor? Er is altijd wat te doen op kantoor. Als ik leidinggevende was, zou ik juist vandaag een kijkje komen nemen. Vergeet de mensen met de geinige manchetknopen en de flitsende PowerPoints. Met de mensen die er op 24 december zitten, kun je de wereld aan.

Ik zou zeggen: sterker nog, we vergeten die hele kerst en werken met deze kanjers gewoon lekker door – we rollen de slaapzakken uit. We hoeven geen kerstdiner meer te maken, geen boodschappen te doen, we hoeven het gourmetstel op zolder niet meer te zoeken – toedeledokie familieruzies en bergen afwas. We vieren kerst op kantoor en we helpen elkaar het nieuwe jaar in.

Met mensen die zich aan het duister weten te ontworstelen, ben je altijd op weg naar het licht.

4. GOEDE VOORNEMENS OP KANTOOR

Als het jaar weer om is, man man man, wat hebben we dan altijd weer een hoop beleefd. Als je al die eindejaarsspeeches een beetje goed beluistert, waren er hoogtepunten, waren er dieptepunten, was het altijd – om kort te gaan – een bewogen jaar.

Maar hoe weet je nou of je jaar geslaagd was op kantoor? Wanneer kun je een jaar succesvol afsluiten? In de tijd van de lijstjes – baas van het jaar, kat van het jaar, kantoorwoord van het jaar (agile) – wat staat er dan op het lijstje van een geslaagd kantoorjaar? Wanneer kun je trots zijn op jezelf?

Ik zou zeggen: als je er nog bent, als er wifi was en als je niet bent ontslagen. Dat lijkt me al een hele prestatie. Verder kun je trots zijn op jezelf als je dit jaar eindelijk je Cup-a-Soup-verslaving hebt overwonnen, als de hele afdeling, wat zeg ik, het hele bedrijf jouw persoonlijke stopwoord heeft overgenomen, als je baas een keer je favoriete liedje zong in de lift en als ze je een keer hebben gemist op je 'thuiswerkdag'.

De harde kantoorgoals laat ik even zitten. De voorjaarsprognose, de jaardoelen, de 'puntjes om nog aan te werken', de kwartaalpunten op de horizon – laat die maar aan je baas over. We gaan elkaar bovendien niet de put in praten, daar is in het nieuwe jaar nog tijd genoeg voor. Nee, ik heb het liever over het échte scoren.

Die mail van PZ bijvoorbeeld dat je nog veertig vakantiedagen moet opmaken. Dat je baas minstens één keer, maar liever vaker, WOEDEND op je is geweest – dat betekent dat je belangrijk genoeg bent om woedend op te worden. Als je het weer een jaar hebt uitgehouden zonder dat iemand vroeg wat je functie ook alweer is. Als je ergens in het jaar een hele week op dezelfde flexplek hebt kunnen zitten en als je tijdens heidagen niet bent vermoord.

Dan de categorie onsterfelijkheid. Daarin heb je gescoord als er minstens één van je gênante mails onbedoeld bij het hele bedrijf terechtkwam. Als je minstens één keer met je rok in je panty langs de directiekamer bent gelopen of een presentatie hebt gehouden met je gulp open. Als je twee volle dagen niet naar je werk kon na een bedrijfsborrel, als je een keer huilend uit een vergadering bent gelopen en als je afdeling een hele week misselijk is geweest na je traktatie – zoveel taart was er.

Verder moet je dit jaar één keer verliefd zijn geweest

op een collega die dertien jaar jonger is dan jij – niet vaker. Moet er minstens één keer iemand met je hebben geflirt die je zou durven meenemen naar je ouders. Moet je minstens negen complimenten aan collega's hebben gemaakt die je meende. Moet je minstens vier kaartjes hebben gestuurd aan zieke collega's die je écht miste. En moet je hebben gevloekt om die ene collega die wegging – die niet had mogen gaan.

Tot slot de hoofddoelen (en ik pak er nu even een pak tissues bij). Ik vind dat je trots kunt zijn op jezelf als je het afgelopen jaar één iemand op kantoor gelukkig hebt gemaakt. Maar bovenal kun je het jaar geslaagd afsluiten als je niets van bovenstaande doelen hebt gehaald, maar toch gewoon weer aan het werk gaat.

Je jaar was pas echt geslaagd op kantoor als je niet kunt wachten tot het nieuwe weer begint.

10 OVERLEVEN IN DE KANTOORTUIN

Mensen zijn niet gemaakt voor kantoor. Mensen moeten kunnen nadenken en daarvoor moet het geregeld stil zijn, daarvoor moeten ze af en toe een ommetje kunnen maken en moeten ze vrij zijn om hun eigen tijd te kunnen indelen.

Maar stilte, ommetjes en vrijheid zijn er allesbehalve op kantoor. Sterker nog, collega's worden er vaak gek van elkaar en krijgen hun werk er niet af omdat iedereen om hen heen kattenfilmpjes zit te kijken, de toestand van het Nederlands Elftal bespreekt, of ze nou wel of niet geboden hebben op die sapcentrifuge op Marktplaats of over de laatste stand van zaken van de tumor van hun kat – of erger. Het is ook altijd óf te koud óf te warm op kantoor en als je geen flexplek hebt weten te veroveren, kun je er soms niet eens zitten. Niet gek dus dat mensen me vragen: hoe ga ik om met al die lawaaiige, stinkende, irritante collega's en het onvriendelijke klimaat? In dit hoofdstuk de adviezen met onder andere een goede strategie hoe je de beste flexplek verovert. En o ja: flikker op met je stabureau.

Korte samenvatting: kantoor is niet geschikt om te werken. Maar het is er wel vaak gezelliger dan thuis.

1. LAWAAI OP KANTOOR

Veruit de meeste klachten die ik krijg in mijn kantoorjunglepraktijk, gaan erover dat het zo'n teringherrie is op kantoor. Dat je je de hele dag ergert aan collega's die kauwgom kauwen, allemaal zaken tegen je aan gaan zitten houden, neuspeuteren, veel te hard lachen, 'niezen met spetters', nogal stinken en kattenfilmpjes aan elkaar laten zien terwijl JIJ PROBEERT TE WERKEN.

Ze hebben alles al geprobeerd, zeggen ze er dan vaak bij. Van koptelefoons, schotten tussen de bureaus en vriendelijk afwijzend glimlachen tot ontploffen, ijzig kijken en chloroform. Maar niets helpt tegen de constante terreur van collega's. Of ik daar iets op weet.

Dat is nogal een vraag, lieve vrienden. En zeker aan mij, de hoeder en omarmer van het kantoorgebeuren. Het is als vragen aan de pastoor wanneer de kerk kan worden afgebroken. Aan de oppasser wanneer de dieren weer mogen worden vrijgelaten. Alsof al het moois wat er groeit en bloeit in een kantoortuin moet worden uitgeroeid.

De nabijheid van collega's ís de kantoortuin.

Daarom wil ik iets strenger zijn dan normaal en geen vrijblijvende tip maar een dwingend advies geven, namelijk: we stoppen met klagen over de kantoortuin. We wónen in die tuin, dus gaan we er ook in léven. We hebben A gezegd door ons salaris te accepteren, nu zeggen we B met ons commitment.

We zonderen ons dus niet meer af, maar gaan juist díchter bij elkaar zitten. Een paar vierkante meter is genoeg voor honderd man. Samen op een stoel. Schermen delen. Om de beurt erop. We bouwen een grote open keuken met een barretje en een frituurpan. Recepten uitwisselen, samen koken. We zetten geen schotten tussen de pc's, maar sanseveria's. Geen koptelefoons maar gehoorapparaten en versterkers. We dragen geen truien meer, maar gaan bij elkaar op schoot zitten. We ergeren ons niet meer aan die neuspulkende collega, maar eten zélf zijn neus leeg. We wassen elkaars sokken en houden pyjamafeestjes. Slaapzakken uitrollen en luchtbedden oppompen.

Maar bovenal vergeten we het idee dat er gewerkt moet worden op kantoor. Laat het los. Kantoor is niet voor werken. Ja, hooguit een paar uurtjes per dag: van 's ochtends zes tot halfnegen. En na zeven uur 's avonds. De rest van de tijd is het gezelligheid geblazen.

Eigenlijk hoef je maar twee dingen te onthouden over

kantoor: (1) iedereen doet maar wat en (2) werken doe je in je eigen tijd. Als je het niet af krijgt, neem je maar vakantie. Als je dat helder hebt, kan het grote genieten beginnen.

Werken doe je maar thuis.

2. OMGAAN MET STINKENDE COLLEGA'S

Iemand ruiken zou een keuze moeten zijn, schreef ooit een groot denker op Twitter. En zo is het natuurlijk. Wat zou het heerlijk zijn als je je neus op kantoor aan en uit zou kunnen zetten. Helaas kun je in de kantoortuin geen kant op met stank. En er ís best veel stank op kantoor.

De windjes in de lift. De dooiemuizenlucht uit de mond van de lul van sales die altijd zo lang aan het woord is. Het oude zweet van de collega met wie jij nou net in een werkcel moet. En wat mij betreft de ergste: de liters verkeerde aftershave waardoor je de hele dag kotsneigingen hebt (ook omdat de lucht je doet denken aan je eerste vriendje dat altijd met zoveel spuug zoende) of het migraineparfum van je overbuurvrouw dat als een wolk van doem boven je werkplek hangt.

Hoewel, ik vind collega's die lékker ruiken ook niet

makkelijk. Dan moet je telkens over ze heen buigen om iets op hun scherm aan te wijzen en dan valt het dus op met die snuifgeluiden. Of je moet almaar keihard om ze lachen zodat je je hoofd in hun nek kunt leggen. Ik ben ook best veel tijd kwijt met loeren naar collega's die lekker ruiken om te zien of ze al met de lift gaan zodat ik er dan nog net op tijd bij kan glippen.

Maar ik dwaal af. Collega's die stinken, dáár hadden we het over. Allereerst: collega's die stinken, zijn natuurlijk niet alleen maar lastig. Je weet bijvoorbeeld altijd precies wanneer ze er zijn en wanneer niet. Ik vind dat handig.

Ook vind ik: sommige mensen hóren te stinken, dat zit in de functieomschrijving. Aardrijkskundeleraren bijvoorbeeld. Of de man met het polyester pak op de dertiende verdieping die over de privékilometerdeclaraties gaat. Ikzelf stink natuurlijk niet. Vraag het gerust na.

Dat gezegd hebbende: een stinkende collega blijft heel lastig. En subtiele hints werken niet. Die worden óf als grap opgevat, óf ze eindigen in kwaaie koppen en vaak nog meer stank door de stress en de frustratie.

Daarom mijn advies: geef stinkers een eigen vleugel, óf zeg het gewoon, hard en bot. En dan niet tegen een groepje waar de stinker in zit, zoals een collega van me ooit deed toen ze een vergaderruimte binnenliep en riep: 'Jezus, het lijkt hier wel Artis!' Stinkers weten niet dat ze stinken, dus dat helpt niet. Wat wél helpt: over de zaal schreeuwen: 'Jezus Willem, ik ruik je hier! Wat meur je man! Ga even naar huis om te douchen.' Maar ja, wie durft dat?

Wat je kunt doen, is collega's die met pensioen gaan of ontslagen worden even een rondje langs de stinkers laten maken om ze mee te nemen in de wondere wereld van de persoonlijke hygiëne. Of je vraagt een lompe collega die toch al vaste verkering heeft. Of je laat het de stagiair opknappen.

Maar het best werkt wat we sinds kort in mijn bedrijf doen: gezamenlijk douchen. Dat scheelt ook weer tijd thuis, schept een band en bevrijdt mensen van schroom ten opzichte van leidinggevenden. Mensen gaan er bovendien veel vaker door naar de sportschool om goed voor de dag te kunnen komen, en het stimuleert om jonge, strakke collega's in dienst te nemen.

Bij ons op kantoor hebben we sindsdien geen stinkers meer.

DE VIJF DINGEN DIE HET MEEST STINKEN OP KANTOOR:

1. Rijstwafels
2. Rijstwafels
3. Rijstwafels
4. Rijstwafels
5. Cup-a-Soup

3. WAAROM HET ALTIJD TE WARM OF TE KOUD IS OP KANTOOR

Het kantoorklimaat is een vijandig klimaat. Niets functioneert zo slecht op kantoor als de thermostaat. Het ene moment kun je er je vingers verliezen door bevriezing, het volgende moment sudder je naar een kookpunt. Verder zijn er nog de tocht *like hell*, de trage verstikking en de langzame uitdroging. Ik ken kantoren waar het personeel alles in één dag doormaakt. Niet voor niets krijg ik vaak de vraag: waarom is het altijd te warm of te koud op kantoor, en of het niet beter kan?

Om met die laatste vraag te beginnen: het ideale klimaat bestaat niet. Je hebt op kantoor namelijk met nogal wat types te maken. Je hebt de zoogdieren, zogezegd, die zichzelf warm houden, en de reptielen die hun eigen temperatuur niet kunnen reguleren en volledig, tot wanhoop toe, afhankelijk zijn van het klimaat: 's ochtends moeten ze in de warmte liggen om te kunnen bewegen, dan oververhitten ze en moeten ze afkoelen, en als dat eenmaal gebeurd is – aan het einde van de dag, rond een uur of vier – krijgen ze het weer koud.

Wat je wel kunt zeggen, is dat vrouwen het meest klagen over het klimaat. Dat komt doordat vrouwen nu eenmaal altijd klagen en net zo gevoelig zijn voor klimaat als voor sfeer, een verkeerd plantje, een zogenaamd verborgen boodschap en een erwt onder hun bureau. Mensen die druk zijn, hoor je nooit over het klimaat. Ik ken een vrouw die de bevriezingsdood is gestorven op kantoor, puur omdat zij was vergeten te melden dat het stervenskoud was.

We zouden kunnen beginnen met een andere kantoorindeling – niet meer in afdelingen, maar in verschillende klimaatzones. Dan kun je doorschuiven naar zone B als het je in zone A te heet onder de voeten wordt, of nog verder afkoelen in de noordvleugel.

Wat sowieso altijd goed werkt, zijn laagjes. Qua kleding. Begin met een bikini, doe daaroverheen een jurk, dan een spijkerbroek met blazer, een warme trui en een licht vestje. Sokken, schoenen met hakken en laarzen over elkaar. Zo ben je overal op voorbereid.

Maar wat het allerbest is: maak er een gemeenschappelijke vijand van, van dat hele klimaat. Maak het binnen nog onrechtvaardiger dan het buiten is. Dat verbroedert. Zet dus de ene dag de thermostaat op veertig graden, en de dag erop op min twintig, of varieer per uur.

Verder dacht ik aan water. Gewoon hop, een golf. Varieer per verdieping. De afdeling sales klampt zich kletsnat vast aan de bureaus, de hele tweede zit met een bontmuts op en met wolkjes als ze praten. Laat het ijsklontjes regenen in het restaurant, doe een harde, warme wind in de toiletten.

Was het niet allemaal veel beter toen er op kantoor nog ramen open konden, hoor je wel eens. Vergeet het maar, jongens. Geluk zit niet in een open raam. En overleven al helemaal niet.

Overleven is acclimatiseren.

KANTOREN ZIJN TE KOUD VOOR VROUWEN

Iedereen wist het al, maar het is nu ook wetenschappelijk bewezen: kantoren zijn te koud voor vrouwen. Dat blijkt uit onderzoek van de Universiteit Maastricht. Het komt allemaal doordat de normen voor temperatuur op het werk nog dateren uit de jaren zestig, toen er nog louter apenrotsmannen werkten op kantoor, in driedelig grijs met pochetten, hoeden en sigaren. Vrouwen hebben het graag wat warmer op kantoor, vooral in de zomer als de airco straffe poolwinden over de burelen jaagt. Dat is deels biologie – een ingewikkeld verhaal over kilowattuurverbranding en doorbloeding – maar het 'decolleté-effect' speelt ook mee: vrouwen laten meer huid zien dan mannen en moeten dat vaker bekopen met bevriezing.

4. HET DAGELIJKSE GEVECHT OM DE FLEXPLEK

De strijd om een flexplek op kantoor is een strijd op leven en dood geworden. Had iedereen vroeger zijn eigen plekkie met zijn pennenbakjes, kinderfoto's en rotte mandarijnenschillen, tegenwoordig zwoegt de kantoortijger met rolkoffers vol dossiers, een karretje met zijn persoonlijke franje en een loodzware laptop door de gangen met de mantra 'zit hier al iemand' en niemand weet meer waarom.

Ik ken mensen die dagen lopen te aasgieren tot ze ergens kunnen inloggen of nog erger: die collega's vergiftigen om maar ergens te kunnen neerstrijken. Bij ons doet een vacante werkplek algauw zo'n twee ruggen per maand op de zwarte markt.

Theoretisch zou je een lans kunnen breken voor de flexplek. Ik doe dat niet hoor, flikker op met je flexplek, maar het idee ervan: knokken voor je plekje, je wilde een ratrace, je krijgt een ratrace – zo hoort het natuurlijk wel in de jungle. Ook genoemd als voordeel: de kruisbestuiving als je telkens ergens anders zit. Ja, de virussen, afgeknipte nagels en zuur geworden slagroom tussen de toetsenborden, dat natuurlijk ook, maar denk ook eens aan al die nieuwe kinderverhalen, al die nieuwe kattenplaatjes en al die nieuwe kantoorquotes die je op steeds wisselende plekken meekrijgt. Er gaat een hel voor je open. Voorstanders van de flexplek noemen dat een heel nieuwe wereld.

Het voordeel van de flexplek is wel dat iedereen lekker vroeg op kantoor is – bij ons zitten de meesten al rond vijf uur met gepoetste tanden achter hun flexscherm. Je kunt dan veel eerder beginnen met knallen. Wel jammer voor de mensen met kinderen die niet op tijd kunnen zijn, maar collega's met kinderen hebben sowieso pech gehad.

Wat ik wel vind: áls je dan flext, doe het dan goed. Laat dan *iedereen* flexen. Dus niet alleen de ambulanten, de jonkies en de zzp'ers, maar ook de directie, de conciërge, het middenmanagement, de oudjes met de aangepaste kantoormeubels, de mevrouwen van de klantenservice en dan natuurlijk vooral de mensen die de flexplek bedacht hebben. Nu komt het vaak nog voor dat die gasten wel lekker een eigen kamer hebben, daar gaan we dus ook mee stoppen. Wie het eerst de corneroffice pakt, kan er zijn benen op het bureau leggen en de luxaflex laten zakken.

Om in dat scenario te voorkomen dat mensen bureaus voor de volgende dag bezet gaan houden met spulletjes – een sjaal, koekjes, een wattenstaafje met gele puntjes, een pakje aangebroken crackers – stel ik voor dat er elke middag om halfzes een clean-deskploeg komt die alle persoonlijke shit van de bureaus in een groten glazen koker stort die uitkomt in de hal. Daar kunnen mensen dan de volgende ochtend hun fotolijstjes, mokken, loopdossiers, aspirinestrips, badeendjes, lege glazen, bontmutsen, tampons en halve Bounty's ophalen. Vervolgens worden alle bureaus met een hogedrukreiniger met alcohol en rattengif gereinigd. De enige manier om nog een vaste werkplek vast te houden is door er te gaan wonen.

Verder vind ik dat flexplekken die langer dan tien minuten verlaten zijn, mogen worden ingenomen. Laptops waarop drie minuten niet gewerkt wordt, melden zich automatisch af. Bureaus met foto's van familie en/of huisdieren kunnen sowieso als vrije bureaus worden beschouwd. Wat natuurlijk wel gewoon kan, is heel vroeg de wekker zetten, handdoek over de stoel leggen en daarna nog even een paar uur terug naar bed.

Maar dan hebben er dus heel veel mensen geen plek, hoor ik u zeggen. Klopt. Het gáát ook niet om de plek, jongens.

De mooiste plek op kantoor is die in het hart van je collega's.

5. STABUREAUS OF TOCH LIGGEN?

Wat ik laatst nou weer hoorde: dat zitten 'het nieuwe roken' is. Dat je doodgaat van zitten op je bureaustoel omdat je lichaam dan in een levensgevaarlijke horrorruststand des doods komt.

In *The New Yorker* las ik dat als je zit, je lichaam maar één calorie per minuut verbrandt. Dan kun je bijna net zo goed dood zijn. En dat als je meer dan twee uur achtereen zit, dat al kan leiden tot vaatvernauwing, 'bepaalde vormen van kanker', depressie, trombose en diabetes.

We moeten dus allemaal gaan staan in de kantoorjungle. Achter van die stabureaus. Kantoormeubelgiganten slijpen hun messen. Ik heb al bureaus gezien met hometrainers. Skippyballen. En natuurlijk de koning onder de suffe kantoormeubels: de wiebelende knielstoel waarop je eruitziet alsof je elke dag alleen maar biologische geitenwollen sokken eet. Zelfs de koning staat tijdens zijn nieuwjaarsspeech, godbetert.

Dood aan de bureaustoel.

Ik weet niet hoe het met jullie is, maar ik sta altijd wat wantrouwend tegenover nieuwe kantoortrends waarmee geld wordt verdiend. Je hoort er uiteindelijk nooit meer wat van. Zie de kantoorzitzak, de spraaksoftware voor mensen met RSI, zie de mensen met RSI überhaupt en het alcoholvrije bier op de vrijmibo. Zijn al die kantoortijgers uit de vorige eeuw trouwens allemaal een afschuwelijke dood gestorven omdat ze zaten? Ik dacht het niet.

Ik denk ook altijd: *what's next* als ik zoiets hoor. Trapezes boven de bureaus? Trampolines op het kantoortoilet? Het staande functioneringsgesprek? Het lopende buffet? Die mensen met van die stabureaus eten trouwens ook altijd de hele dag gedroogde vijgen en noten.

Maar bovenal herken ik mij totaal niet in het beeld van de zittende kantoortijger. Zittend werken? Man, ik ben juist blíj als ik even kán zitten op kantoor. Ik loop me helemaal de tering in de kantoorjungle. Powermomentje hier, ambitieloopje daar, even buiten kijken bij een opstootje. Ik ga ook altijd even staan als de baas binnenkomt. Daarna weer om de monitor van de buurman te monitoren, even naar de Bagels & Beans voor een broodje voor de chef en heel vaak naar het prikbord omdat je toch hoopt dat er eindelijk eens wat anders hangt dan altijd dezelfde aankondiging van een avondvullend toneelstuk in Rijswijk.

En dan nog het gesprint voor de beste flexplek, al dat

geloop naar de printer: kilometers. En dan weer naar de voorraadkast om het papier bij te vullen en weer heen en terug voor de toner. Dan naar de snoeppot, even een praatje maken met de glasbewassers, naar het postvak want je kunt het niet weten, vervolgens naar de administratie om te checken of Sint Salarius al is geweest en taart halen bij de HEMA. Lopen op sokken telt sowieso dubbel.

Ik zou dus zeggen: rot op met je stabureau. Ik lig liever. Na de lunch, na een vergadering, met een fleecedekentje. Misschien heeft de bureaustoel zijn langste tijd gehad. Maar de toekomst is aan de kantoorstretcher.

11 VERPLICHTE NUMMERS OP KANTOOR

Waarom vergaderen we terwijl iedereen weet dat het niet werkt, waarom krijgen we altijd te weinig salaris, waarom moeten we overwerken als we weten dat het komt door kantoor dat we ons werk niet afkrijgen en waarom ontkomen we er niet aan om te roddelen?

Niemand weet meer precies waarom, maar na honderden jaren van evolutie zijn er allerlei gekke rituelen en gebruiken ontstaan op kantoor. Vaste waarden, verplichte nummers zo je wilt. Hoe ga je om met al die verschijnselen en waarom bestaan ze? Hier de beste tips en ook antwoord op de vraag wat je allemaal mag declareren.

Korte samenvatting: alles is een verplicht nummer op kantoor maar hoe je met die nummers omgaat, bepaal je zelf.

1. VERGADEREN

In mijn bedrijf zijn ze natuurlijk allemaal kort, efficiënt, sprankelend en nuttig, maar uit andere kantoortuinen hoor ik vaak geklaag over vergaderingen. Dat er niks wordt besloten, dat collega's zich er schaamteloos zitten te profileren, dat er wordt gedommeld, dat de voorzitter maar doorleutert en ze aan de andere kant van de tafel de rotte eieren kunnen ruiken.

Thuis vergaderen we toch ook niet, zeggen ze dan. Terwijl nergens zoveel to-dolijsten worden gemaakt, zoveel punten op de horizon worden gezet, zoveel crises het hoofd wordt geboden en zoveel slechtnieuwsgesprekken worden gevoerd als in een gemiddeld Nederlands gezin. Of ik dát eens een keer kan schrijven. Alvast dank.

Natuurlijk, lieve vrienden, vergaderingen zijn als FIFA-lotingen. Alles is doorgestoken kaart, het duurt veel te lang en het enige dat je nog een béétje bij de les houdt, is een lekker wijf. Maar toch komt iedereen elke keer weer opdagen en er opgewonden over doen. Dat is niet voor niets. Vergaderen heeft een functie. Zonder vergaderingen geen kantoortuin.

Want vergaderen is het theater van de kantoorjungle. Er wordt vooraf gerepeteerd bij de koffieautomaat en na afloop komen de recensies. Hoe zelfverzekerd de baas was, of ze werd weggelachen. Hoe de sfeer was, of er nog iemand onderuitging, of iemand had gezopen. De vergadering is de voorstelling waar je wordt gemaakt of gebroken. Zonder vergadering zou niemand zich nerveus hoeven maken, zou niemand zich hoeven opmaken.

Wat natuurlijk niet wegneemt dat vergaderen spannender zou kunnen. Ik heb daar wel ideeën over. Schrap er bijvoorbeeld eens één – verwarring. Of zet er een thuistapje bij, een boksbal of een pijnbank – voor het tempo. Verder kun je denken aan vergaderen met legoblokjes, in een sauna of tijdens het modderworstelen. Of houd vergaderingen waarop iedereen maar één woord mag zeggen.

Wat ook kan: vergaderen als een fluisterspel: nummer één smiespelt zijn voorstel bij de persoon links van hem in het oor, en als ze de kring rond zijn, hamert de voorzitter het af op wat hij heeft verstaan.

Maar stoppen met vergaderen – ik dacht het niet, mensen. Waar anders kun je zien wie ad rem is, wie opkomt, wie neergaat? Waar anders kun je horen wie het woord krijgt en wie op weg is naar het einde? Waar anders kun je zoveel tijd verspillen of horen dat jij niet mee mag doen en anderen wel? En wat dacht je van al die managers die zonder vergadering niets anders te doen zouden hebben – ontwrichtend.

Zonder vergadering zouden er geen veelbetekenende blikken zijn tussen mensen 'die erbij waren'. Zonder vergaderingen geen geheime notulen, geen collega's die er boos uit weglopen. Zonder vergadering zou niemand meer kunnen klagen dat ze er te veel hadden.

Zonder vergaderingen is er niets op kantoor wat je moeiteloos zou kunnen afschaffen.

DIT ZIJN DE ERGSTE CLICHÉS IN VERGADERINGEN

Vergaderingen zijn afschuwelijk, overbodig en saai, maar jargontechnisch zijn ze natuurlijk wél heel interessant. Want als er érgens nietszeggende kantoorclichés over tafel vliegen, is het wel tijdens een vergadering.

De Britse stand-upcomedian Adam Hess twitterde daar laatst over. Het viel hem op, schreef hij, dat ongeacht het onderwerp, je in een vergadering altijd '*it's just about finding that balance*' kunt zeggen en dat iedereen dan gaat knikken.

Ik was benieuwd of er ook zulke Nederlandse vergaderclichés zijn die je op elk moment kunt gebruiken. Ik vroeg ernaar op LinkedIn en Twitter, mailde en sprak met vergadertijgers en dit vond ik de mooiste:

'Er is geen eenvoudige oplossing.' Klinkt goed. Je maakt er de indruk mee je werk heel serieus te nemen, maar je hoeft niet concreet te worden, want er is immers geen eenvoudige oplossing. Het is overigens wel onzin: er zijn juist heel veel eenvoudige oplossingen. Zoals alle managers ontslaan, niet aan een project beginnen of gewoon lekker met z'n allen aan de zuip gaan, maar dat hoeft niemand te weten. In dezelfde categorie dooddoeners: 'dit wordt een heel spannend traject' (dat betekent dat het alleen maar kan mislukken, maar dat dat niet jouw schuld is), 'we moeten zorgvuldig te werk gaan' (dan kunnen we er lekker lang over doen) en 'dit wordt een uitdaging' (dat betekent dat er te weinig geld en mensen zijn).
'We hebben allemaal hetzelfde doel, maar andere manieren om er te komen.' Dit betekent: we hebben ruzie, maar doen net of dat niet zo is. Soortgelijke clichés: 'we spelen allemaal dezelfde wedstrijd' (maar dan wel tegen elkaar) en 'eigenlijk vinden we allemaal hetzelfde' (maar ik heb gelijk, en jij niet).
'Laten we eerst een stap terug doen.' Staat heel verstandig én je voorkomt ermee dat je iets hoeft te doen. Uit hetzelfde vaatje: 'we moeten niet te ver voor de troepen uit willen lopen', 'laten we eerst de randvoorwaarden bespreken', 'laten we dit even in de week leggen', 'laten we hier later nog eens met elkaar over gaan zitten' (dan kunnen we nu lekker naar huis), 'dit parkeren we even' (voor zes euro per uur in de Randstad, áls je al ergens een plekje kan vin-

den) en: 'dit zal eerst moeten landen in de organisatie voor we dit verder handen en voeten kunnen geven' (metaforen zijn altijd goed in vergaderingen, zeker over embryo's en vliegtuigen, zie ook verderop).

'We hoeven het wiel niet opnieuw uit te vinden.' Klopt als een bus, want dat wiel is er al.

'Het gaat om de insteek die je kiest.' Nou en of. Vraag maar aan een chirurg. Verder in de categorie geen-speld-tussen-te-krijgen: 'het moet linksom of rechtsom worden opgelost'. Gelukkig hoef jij niet te zeggen langs welke kant.

'Laten we handelen naar bevind van zaken.' Tuurlijk. Het betekent: we zien wel joh. Nu eerst koffie.

'Laten we proberen stappen te maken.' Stappen maken is altijd goed, en zeker om dat te *proberen*, dan hoeft het niet eens te lukken. Het maakt ook niet uit waarheen, als je maar stappen maakt, zeker in een wereld die zo in beweging is – zeg dat er ook bij, dat staat heel modern. In dezelfde categorie: 'stilstand is achteruitgang' (onzin, het is juist heel fijn om af en toe even stil te staan), 'we kunnen de tijd niet terugdraaien' en 'laten we nou eerst eens een stip op de horizon zetten'. Wie het eerst bij de horizon is, is af.

'Welk probleem lossen we hiermee op?' Klinkt heel kritisch, maar je hoeft niet met een oplossing te komen. Ook handig als je even niet hebt zitten opletten en wilt weten waar het over gaat. In dezelfde categorie: 'wat is je punt?' en 'daar moet ik eerst over nadenken'.

'Probeer je het niet, dan weet je het ook niet.' Dit zeg je als je geen idee hebt, maar toch als een snelle jongen wilt overkomen. Zeg daarna iets als: 'Ik kan daar de epic toolbox bij aanraden. Epic is het nieuwe agile.' Klinkt prachtig en niemand durft te vragen wat het is.

'Het gaat erom dat we iedereen in dit proces meenemen.' Dit zeg je om net te doen of ieders mening telt. Dat 'meenemen' ook, brrr... Waarheen dan? In een geblindeerde bus richting Irak? In dezelfde lijn: 'we moeten hierover in gesprek blijven', 'dit is een gedeelde verantwoordelijkheid' en 'we moeten zorgen dat we op dezelfde vlieghoogte zitten'. Dat laatste is trouwens best gevaarlijk, vraag maar na op Schiphol, maar het klinkt wel heel dynamisch.

'Dat is echt een heel interessant idee.' Ideaal om mensen de mond mee te snoeren. In dezelfde categorie: 'goed punt, nemen we mee', 'dat staat genoteerd', 'dat heeft de aandacht' (ja, een paar seconden) en 'we gaan ernaar kijken' (als het in de prullenbak ligt).

Dan de échte holle praatjes, zoals 'communicatie is key', 'content is key', 'kwaliteit is key', 'de klant centraal', 'we moeten het kostenplaatje niet uit het oog verliezen' (geen geld voor) en 'dit proces moet goed bewaakt worden' (door herdershonden). Als je de boel wilt afronden, zeg je: 'dat gezegd hebbende'. Daarmee maak je al het voorafgaande overbodig en kun je weer met een schone lei naar de volgende vergadering.

Iemand nog vragen?

2. SALARIS

Er is geen groter taboe in de Nederlandse kantoortuin dan salaris. Het is het monster dat alles opvreet, verpest, doodt en weer tot leven kan wekken. En toch vertellen we nog liever over de intercom over ons laatste valleiorgasme dan dat we onze collega's vertellen wat we verdienen. Of we zeggen: ik weet het écht niet, hoeveel ik verdien! Of we mompelen een vaag bedrag en zeggen dat er dan nog van alles afgaat aan belastingen en pensioenpremies. Maar het eerlijk zeggen? Nee.

Dat komt: niemand weet hoe het werkt met salaris in Nederland. Salaris is hier altijd willekeur. Een gevolg van bilateraaltjes en wie dan de grootste mond heeft of wie zich laat afschepen. En niemand krijgt ooit wat hij verdient. Net zoals altijd de vlotte babbel met de voetbalmetaforen de baan krijgt en niet degene die er het meeste verstand van heeft, zo krijgt ook altijd de verkeerde persoon het meeste salaris of te weinig. Net als jij.

In Amerika, zo laat ik mij vertellen – want wat weet ik nou helemaal van Amerika – schijnt iedereen meteen bij het kennismaken al te zeggen wat hij verdient. Hop, bij het handen schudden: 'Ik verdien achtduizend dollar netto per maand, hatsa' (maar dan zonder hatsa natuurlijk). En dan meteen erachteraan: 'Wat verdien jij?' Dat is, zo zeggen experts, omdat in Amerika mensen ook echt verdienen wát ze verdienen. En als je niet presteert, wordt je salaris afgepakt.

En de verschillen zijn er dus ook groot! In Nederland word je doodleuk gepromoveerd als ze van je af willen en laten ze je zitten als je geweldig bent. Daarom hebben we het er niet over. Omdat we altijd bang zijn dat collega's denken: krijg jij nog steeds dat managerssalaris? En als ik je nodig heb, ben je altijd de hond aan het uitlaten (geen namen)! Of: wat verdien jij wéinig!!

We zwijgen over salaris omdat we ons schamen.

Ik zeg: we stoppen met de geheimzinnigheid. We gooien de ramen van het loongebouw wijd open en laten de stank vervliegen, transparantiegewijs. Iedereen in het hele land maakt bekend wat hij verdient, Matthijs van Nieuwkerk voorop, en dan iedereen als dominostenen erachteraan.

Ik dacht aan een bord met dagkoersen in de kantine, hoeveel iedereen van minuut tot minuut waard is. En dat je daarop kunt wedden zoals op paardenraces, met dikke sigaren, hoeden en glazen martini, en dat je je eigen baas kunt vergelijken met die van de concurrent.

Verder wil ik gesprekken bij de koffieautomaat over salaris in plaats van over het weer. En het loonzakje moet terug, en elke dag uitbetalen met een handdruk en een praatje van de baas: de beste krijgt de grootste zak. Moet u eens opletten hoe snel we alles doorzichtig hebben.

Ik doe overigens niet mee met deze openheid, dan weet u dat alvast. Ik ben mijn hele leven al doodsbang dat uitkomt dat ik überhaupt geld krijg voor een uit de hand gelopen hobby. Ben ik de uitzondering. En u hebt daar uiteraard alle begrip voor.

PERSONEELSDOSSIERS

In elk kantoor staat hij ergens: de brandkast met de personeelsdossiers. Alle blunders staan erin. Alle hoogtepunten waarvan toen iedereen dacht dat het hoogtepunten waren. Alle tijdelijke vlagen van verstandsverbijstering én alle salarissen van alle collega's. Wat ik jammer vind, is dat deze kast altijd op slot gaat als de mensen van personeelszaken gaan lunchen. Waarom gooien we hem niet open en houden we er vanaf nu onze vrijmibo's? Het is toch zonde dat er zo weinig met al die informatie gebeurt.

3. OVERWERKEN

Overwerken – ik ken mensen die zeggen: 'Dat is alles vóór halftien en ná kwart voor vier, ik ben toch geen bouwvakker.' Ik vind dat heiligschennis. Werken is heerlijk, overwerken nog beter. En als dat even niet zo is, doe je in elk geval alsof.

Want mensen die uren tellen, 'compenseren' en kilometers bijhouden met een spreadsheet zijn toch een beetje de losers van de kantoorjungle. Van die mensen waar Zaagmans op woensdag de week doormidden komt zagen, die vrijdag door de ramen naar buiten gaan omdat het weekend voor de deur staat, die 'goeiesmorgens' zeggen en die de hele dag zitten te vinken in boekhoudkundige rapporten. En dan niet voor de grap.

Ben je een coole gast, dan heb je het natuurlijk niet over overwerken, maar blijf je gewoon op kantoor zitten, ook al heb je niets te doen. Dat is geen overwerken, dat is liefde voor het vak. Je zorgt altijd dat je het heel druk hebt – ook al komt dat doordat je weer de hele dag hebt zitten uitstellen. Je maakt er geen probleem van af en toe een nachtje door te halen – ook al is dat omdat je niet kunt plannen. En je baas kan jou altijd bereiken via mail, sms, WhatsApp, Ello, Google Plus, Twitter, LinkedIn, Instagram, het bedrijfsnetwerk of Facebook – ook al is dat vooral omdat je niets wilt missen. En áls je al eens een keer wat vroeger naar huis gaat, is dat in elk geval een minuut later dan je grootste concurrent of je chef.

Het belangrijkste aan overwerken is dat het niet is gebeurd als anderen er niet van weten. Dus zeg je dat je maar drie uurtjes hebt geslapen, dat je maar beter je bed in je kantoor kunt neerzetten, dat je af en toe moet opstaan omdat je anders 'vergroeit met je bureau', dat je je niet kunt herinneren wanneer je voor het laatst het daglicht hebt gezien, laat staan je hond.

Je neemt ook bakken eten mee naar kantoor omdat de kantine niet open is op tijden dat jij werkt (haha) en je hebt achter je bureau een strijkplank en je schone kleren op een dressboy. Je doucht sowieso altijd op kantoor. Laat af en toe je auto 's nachts op de zaak staan zodat het lijkt of je er als eerste was (dank, George uit *Seinfeld*). Span een zeiltje tussen de printer en het kopieerapparaat en een waslijn richting inloopkast. Zet een leeslampje naast je slaapzak.

Ik snap eigenlijk sowieso niet waarom mensen nog naar huis gaan. Laten we helemaal stoppen met werktijden.

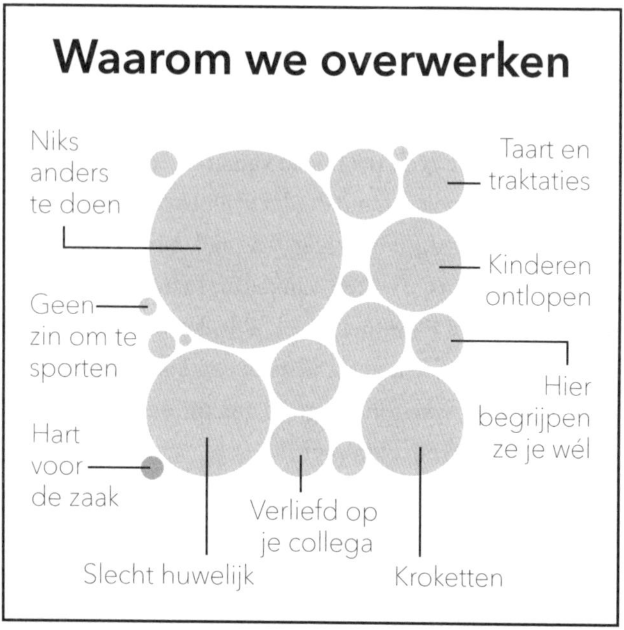

Heerlijk man, in de kantoorjungle. De toiletten worden er schoongemaakt, er is glasbewassing, er zijn geen huisdieren, geen kinderen die lawaai maken en geen rekeningen die betaald moeten worden. Ook ideaal: je hoeft er niet in de tuin te werken of een auto te wassen, er is altijd een volle koelkast, niemand klaagt over de gaten in je onderbroek en je kunt alles declareren.

En mijn privéleven dan, zeggen mensen wel eens. Hou eens op. Alsof je zo'n spannend privéleven hebt. Het is ook veel gezelliger voor je collega's als je er altijd bent en je baas heeft het sowieso liever. Dus dat.

Ik zie jullie op kantoor.

4. RODDELEN

Ik zeg het maar meteen: geen bedrijf kan zonder roddel. Je leest wel eens over organisaties – meestal die voor 'persoonlijke groei' – die niet willen dat hun personeel roddelt en vertrouwen en transparantie willen propageren met mindfulness, respect en blablabla. Maar dat soort bedrijven gaat snel failliet.

Kom op zeg. Zonder roddelen overleeft geen mens. Een bedrijf zonder roddel is als een voetbalwedstrijd zonder bal, een paella zonder garnalen, een hipster zonder baard of vul anders lekker zélf even een vergelijking in als je het zo goed weet. Zonder roddel gaat iedereen dood van totale saaiheid.

Er wordt altijd gedaan alsof bedrijven aan roddelen kapotgaan. Onzin natuurlijk. Juist aan geheimen gaan organisaties kapot, daar komt alleen maar gekonkel van en mensen die 'kennis is macht' uitspelen. Roddelen is delen, het lokt ons naar de koffieautomaat, brengt kleur op onze wangen en we oefenen er onze retorische vaardigheden mee waar allerlei saaie PowerPoints enorm van opfleuren.

Een roddel, dat is je baas die zijn bikinilijn scheert. En jij weet dat. Of dat je hem laatst tegenkwam met drieëntwintig lege wodkaflessen. Maar de mooiste roddels hebben een seksuele component en logistieke details: 'Hij ging eerst weg, en toen ging zij,' en dan kan iedereen gaan speculeren. Voor je het weet, voel je je lekker vies met z'n allen. Dat verbroedert enorm.

Een roddel is ALTIJD leuker dan alles op je werk. Neem dit stukje. Als hierboven een bericht had gestaan over de nieuwe borsten van Linda had je dat liever gelezen en terecht. Stel je voor dat we het alleen maar over het eigenwoningforfait, de EU of de Statenverkiezingen mochten hebben. Ik heb collega's die louter wat reliëf krijgen door de roddels die over hen de ronde doen.

Roddelen is dus *clickbait*. Een mail met als onderwerp 'zwanger' werkt nu eenmaal beter dan een mail met 'prognosebespreking 2016'. Ik zou er daarom ook voor willen pleiten elke vergadering te beginnen met een paar sappige roddels in de categorie 'kennen jullie dat verhaal van de opblaaspop van die lul van sales'. Dan is iedereen wakker voor de prognoses.

Het is interessanter als 'het verhaal gaat dat' een collega de baas heeft geslagen dan dat het écht honderd procent zeker is gebeurd. Als niemand het zeker weet, is er meer te fantaseren. Zeg dus niet midden in een spannend verhaal over een vermeende affaire: 'O maar ik was daar ook bij, op die hotelkamer. Dat was gewoon een teambuildingsessie.' Een goede roddel moet je niet doodchecken.

Verder mogen bazen niet over hun ondergeschikten roddelen en vind ik dat alles wat er geroddeld wordt een week later openbaar mag worden gemaakt – duh. Anders komen er nooit nieuwe roddels de wereld in.

Mensen die zeggen: 'Ik hoor hier altijd alles het laatst,' zijn de beste roddelaars, omdat iedereen denkt dat ze niks weten. Mensen die zeggen: 'Ik ben altijd heel discreet,' hebben een reden om dat te moeten zeggen en mensen die roddelen uit haat mag je met hun bureau op het toilet zetten, dichter bij het riool, waar ze horen.

Als er niet over je wordt geroddeld, tel je niet mee.

DE BESTE RODDELS

Mensen denken vaak dat je de beste roddels hoort door veel met collega's te praten – een misverstand. De beste roddels kom je te weten door je strategisch op te stellen: staan op de juiste plek. De beste roddelaars staan altijd net naast het vergaderhok als er een belangrijke bespreking klaar is, net naast het toilet als er een huilbui binnenzeilt, net naast de trap als er een woedende collega naar beneden komt en net bij de uitgang als twee geheime minnaars weggaan. De beste roddelaars zijn dus collega's die fit zijn, snel kunnen schakelen en duizenden kilometers per dag in de kantoorjungle afleggen. Wat ook kan, is dit soort mensen te betalen voor hun informatie.

5. DECLAREREN

Er zijn van die mensen die nooit iets declareren op kantoor. Zo was ik vroeger. Toen voelde ik me altijd wat bezwaard om te declareren, dat kwam natuurlijk door mijn protestantse, Fries-Groningse wortels. Het was de tijd dat ik zelf mijn toiletpapier en potloden meenam naar kantoor en af en toe de baas vijftig euro toestopte voor een representatieve das als hij een belangrijke 'meeting' (dat is gewoon 'vergadering' maar klinkt een stuk spannender) buiten de deur had.

Maar sinds ik merkte wat het scheelt per maand, is dat veranderd. Tegenwoordig declareer ik alles. Ik heb er van die pockets van de Elsevier bij op schoot en alle gebundelde jaargangen van de *Kampioen* en *Consumentengids* en ik kan jullie zeggen: ik heb er echt aardigheid in gekregen.

Weet je wat het ook is? Niet-declareren scoort niet. Ik

heb nog nooit iemand waarderend over een ander horen zeggen: 'O die declareert zo lekker weinig.' Sterker nog, ik ben erachter gekomen dat het superprofessioneel wordt gevonden als je declareert, net als dat het relevant staat om elk halfjaar over je salaris te klagen.

Wat ook grappig is: bedrijven merken er amper iets van, van declareren. Ze hebben er namelijk aparte bakken met cash voor klaarstaan. Voor vaste contracten is nooit geld, maar voor declareren zijn er miljarden beschikbaar. Wist ik niet, maar dat gaat uit potjes die nooit leegraken. Grote bazen scheppen er ook over op, onder elkaar, hoeveel hun werknemers declareren, dus doe het ook! Ik heb er zelf bijvoorbeeld een villa met zwembad, carport en serre van laten neerzetten.

Neem dus bijvoorbeeld altijd een taxi naar kantoor als de trein vijf minuten vertraging heeft of als het oliepeil niet helemaal goed zit (DECLAREREN). Verder natuurlijk altijd je dataroaming aan, ook in het weekend en in het buitenland: je moet altijd bereikbaar zijn voor de baas en de laatste strandfoto's kunnen appen. Verder vind ik dat je een eersteklastreinkaartje mag declareren als er Fransen in de tweede klas zitten of als er vouwfietsen staan.

Wat ik ook altijd doe: musea declareren, concerten, modeshows, voetbalwedstrijden, vakanties naar Kiribati, copieuze diners en mijn abonnement op Netflix en *De Correspondent* onder het motto: 'Je weet maar nooit wanneer je er iets aan hebt tijdens een creatieve brainstorm.' Verder kun je natuurlijk oesters declareren, kaviaar en haring voor de visolie (vet gezond) en elke ochtend een dubbele espresso met slagroom om op kantoor meteen te kunnen knallen.

Ik vind wel dat declareren transparanter moet. Ik stel voor het op zijn Moszkowicz' te gaan doen: handje contantje. Dan zit de baas elke laatste vrijdag van de maand in de kantine achter een kasje met contanten, moet je al je bonnetjes bij hem inleveren en gaat hij met een grote telmachine uitrekenen wat je terugkrijgt.

Maar het mooist is natuurlijk live meekijken hoe je collega's declareren. Het is ook gezelliger om te weten waar iedereen is. Dat je een liveverbinding hebt met de collega die in Suriname zijn bezoek aan een entertainmenthal declareert. Of de lul van sales die in Brabant met een Belangrijke Klant heeft afgesproken en een lunch declareert in Sauna Diana.

Jongens, geld moet rollen. En zolang het allemaal binnen de kantoorjungle blijft, wordt iedereen er alleen maar beter van.

12 KLEDING EN UITRUSTING

Kantoor is een schouwtoneel, dus het is niet raar dat mensen zich er druk maken over hun uiterlijk. Toch gaat het nog geregeld mis met de dresscode, en ook over de spullen die je al dan niet mee mag nemen naar kantoor bestaan nog wel wat misverstanden.

Mag je bijvoorbeeld slippers aan naar kantoor als het warm is, mag je een regenpak aan, hoe groot mag je tas zijn, is een rugzak toegestaan, mogen mannen van boven de vierentwintig jaar nog een hoody dragen en waarom kleden mannen zich sowieso zo vaak zo slecht op kantoor? In dit hoofdstuk staan alle antwoorden.

Korte samenvatting: travel light en koop gewoon een goed pak.

1. WAT NEEM JE MEE NAAR KANTOOR?

Ik weet niet waar, maar érgens is het misverstand ontstaan dat er héél veel spullen mee moeten worden genomen naar kantoor. Ik zie in elk geval allemaal mensen met rugzakken, vouwfietsen, telefoongordels, bergschoenen, regenpakken en windjacks op hun werk komen alsof ze op expeditie gaan. Vooral vijftigplussers met kort haar en een bril hebben daar erg veel last van.

Jongens: nee, nee, nee. Naar kantoor travel je light. Ik zou zeggen: een bankpas, huissleutels, een schone onderbroek en je smartphone is voldoende. Dus geen bossen wortels meenemen, bakjes quinoasalade, pakken yoghurt, plastic tassen, paraplu's, waterflessen, rolkoffers, toestanden en dingen – nergens voor nodig.

Tassen met spullen zijn pure onzekerheid. Met een tas op je werk komen is als een brugklasser die in zijn eerste week nog alles meeneemt naar school, in zo'n rundlederen geval. Met een tas op kantoor ben je ook een beetje zo'n moeke op de kinderboerderij die altijd zakdoekjes bij zich heeft, luiers, kotszakjes, een nat washandje in een plastic zakje, een boterham, pepermuntjes, haarelastiekjes, een toiletrol, paspoort, ziekenfondskaart en een agenda.

Mensen die alles thuislaten daarentegen, staan gelijk al op een enorme voorsprong. Je ziet de collega's denken: we snappen niet hoe hij het doet, maar hij heeft nooit iets bij zich en tóch lukt hem alles. Mark Rutte, Superman of koning Willy zie je ook nooit met spullen en tassen. Dat is niet voor niets.

Het hóéft ook gewoon niet, spullen mee naar kantoor. Alles is er al. Je laptop, je hart en je hele ziel en zaligheid. Verder is er een kantine, een toilet, een koffieautomaat, kroketten en je hebt je fles Johnny Walker in je la, dus wat zou je verder nog meenemen?

Sterker nog, ik heb niks meer thuis staan sinds ik werk, ik heb alles op kantoor laten zetten. Ik ben ook amper meer thuis sinds ik een baan heb, waarom zou je nog naar huis gaan als je op kantoor kunt zijn? Enfin, daar heb ik het al vaak genoeg over gehad.

En een regenpak dan, krijg ik vaak als vraag. Jongens, hou eens op over die regenpakken. Het is heerlijk zonder regenpak in de regen en het is nog fijner om kletsnat op kantoor te komen: lekker de kachel aan en afdrogen, dikke sokken aan en warme choco met z'n allen.

Wat we natuurlijk wél even moeten regelen, als nie-

Meenemen of niet? op je werk

mand meer iets meeneemt naar kantoor, is een centraal punt waar alles te krijgen is en waar je langs kunt, ook om even een praatje te maken over het weer. Ik zou daar graag een beheerder zien, met een blauwe jas en een snor. Ook handig: een intekenlijst zoals vroeger in het studentenhuis, met wie wat koopt en wie wanneer aan de beurt is voor de chips, het bier, de toiletblokken, deodorant, verjaardagscadeaus, taart, telefoonopladers, vochtig toiletpapier en sambal voor op de laffe broodjes.

Verder dacht ik aan een komfoortje voor als de koffieautomaat uitvalt, een scheetkussen, een tosti-ijzer, monopoly, een kleine stretcher en een thuistapje. Oh ja, en kattenbrokjes. Misschien had ik dat nog niet gezegd, maar ik wil een kantoorkat.

Het enige dat iedereen dan alleen nog maar hoeft mee te nemen naar kantoor, is een goed humeur en dan kan het grote feest beginnen.

2. KLEDING VOOR VROUWEN

Anders dan mannen, die soms een hulpeloze indruk kunnen maken waar het uiterlijk betreft, weten vrouwen donders goed wat wel en wat niet kan op kantoor. Natuurlijk zie je wel eens leggings, Uggs en lange vesten waarvan het idee is dat ze afkleden maar dat helaas niet doen. Of diepe decolletés waar je ogen als een lange ketting in verdwijnen. Te strakke korte jurkjes die eigenlijk niet kunnen, opkruipend tricot, lichtzwarte, goedkope panty's waar het beenhaar doorheen schemert, snorren en uitgegroeide haarverf. Maar dat alles wordt meestal snel gecorrigeerd.

Dat is het voordeel van vrouw zijn in de kantoorjungle: als je iets draagt wat niet goed is, laten andere vrouwen dat weten. Mannen hebben advies nodig, vrouwen 'helpen' elkaar. Dan zeggen ze dat ze die jurk ook jaren hebben gedragen – in de vorige eeuw. Of ze vragen of het licht in je slaapkamer kapot is, of je wordt begroet met ijzig stilzwijgen – dat is het ergst. Vrouwen kleden zich niet voor de mannen op kantoor, vrouwen kleden zich voor elkaar. De meeste vrouwen dan hè. Anders krijgen we dat weer. De meeste vrouwen.

Een vrouw die er langer dan een week bijloopt als een sloerie, een verzopen kat of een trapezewerker, laat zien: ik ben te eigenwijs of te bitchy om hieraan mee te doen, óf ik word genegeerd door de andere vrouwen op de leeuwinnenrots. Dat is natuurlijk prima, maar ik zeg het toch nog even voor mensen die dit niet weten.

Gelukkig is het voor een vrouw best lastig om slechtgekleed te gaan. Ik had ooit een baas die klaagde dat het 'hier wel een catwalk leek', zo flamboyant liepen de vrouwen rond. Zo zou het natuurlijk overal moeten zijn. Kantoor ís een catwalk, mensen. Het zou zonde zijn al die uren die je er doorbrengt niet te gebruiken om het feest des levens te vieren.

Ik pleit daarom voor een eigen stylist, een personal dresser, visagie, en een kamer met inloopkast voor iedere vrouw op kantoor. En dan drie keer per dag verkleden. Ik wil stoeltjes langs de looppaden en windmachines in elke gang. Verder een kapper, een naaiatelier en een schoenmaker die de hakken even bijpunt. En oh ja, een stijlicoon is ook wel handig om te hebben. Een voorbeeldvrouw. Een Doutzen, een Ien Dales, een Halle Berry, van wie je een grote kartonnen pop naast je spiegel zet die je zwijgend beoordeelt als je bent aangekleed.

Ik heb nog wel een advies voor vrouwelijke bazen: schep verwarring. Kleed je ronduit sletterig de ene, en ingetogen truttig de volgende dag. Zo geef je het signaal dat elke vrouw vrij is om te dragen wat ze wil.

Eigenlijk is het enige puntje waar ik streng op ben hakken. Hakken móéten op kantoor, dames. Een kantoorvrouw op platte schoenen is een vrouw zonder overzicht, zonder ambitie. Alleen de héél groten kunnen zich platte schoenen veroorloven. Torenen moeten alle anderen, hoog boven alle somberheid uit. Vrouwen met platte schoenen op kantoor horen in het magazijn – tussen de andere dozen.

Ik kan het even niet mooier maken dan het is.

3. KLEDING VOOR MANNEN

In mijn bedrijf werken ze natuurlijk niet, maar elders hoor ik veel gegniffel over slechtgeklede mannen op kantoor. Dat er giletjes worden gedragen, en grofgebreide truien. Hoge spijkerbroeken met GROTE ZAKKEN, telefoons aan de gordel, double-breasted colberts en beige sokken. Dat er stukken bloot been voorkomen en gekleurde schoenen. Dat er geen singlet onder een overhemd zit zodat stukjes dikke behaarde buik nieuwsgierig naar buiten piepen.

Verder hoor ik nog veel klagen over truien met capuchons bij mannen boven de drieëndertig jaar. En oh ja, in je Armanipak met designerbril op een bakfiets, met of zonder kleuters erin, kan ook niet. Maar dat heeft meer te maken met de bakfiets dan met de bril of de kleuters. Hoewel. Nou ja. Wat wordt bedoeld, is dat de meeste mannen lijken te denken: het is nog heel en ik had het nog. Qua kleding. En of ik daar iets aan kan doen.

Ik ben daar huiverig voor. Ik vind dat iedere man zélf moet weten hoe hij zichzelf voor gek zet. Toch zie ik tegelijkertijd zoveel leed en gemiste kansen om me heen, dat ik ook weer niet stil kan blijven als me om advies wordt gevraagd. Daarom dus met enige tegenzin een advies, heren. Want ja, kleding ís nu eenmaal belangrijk. Waarom zou je luisteren naar een man die een windjack over zijn colbert draagt?

Mijn advies voor de Nederlandse kantoorman zou zijn: gooi die leaseauto eruit en ga met het geld dat je bespaart twee keer per jaar naar een nette zaak voor een pak. Geen gekkigheid, gewoon een pak voor elke dag. Dus niks geen cowboylaarzen, hippe hemden die je vriendin leuk vindt of ander moeilijk gedoe met Jort Kelder over te korte mouwen, te lange pijpen, glimmende knopen of hysterisch krappe Matthijs van Nieuwkerk-jasjes, nee – gewoon een goed pak.

Doe de Lodewijk Asscher-truc. Je weet even niet hoe Lodewijk Asscher eruitziet? Dat is precies de bedoeling. Subtiel, betrouwbaar, schoon, leeftijdloos. En zonder roos op de schouders. Dat is voor veel Nederlandse kantoormannen al best een avontuur. Zeg dat ook tegen de verkoper: ik wil de Lodewijk Asscher-truc, en ze weten meteen wat je bedoelt.

Als het aan mij lag, mannen, zou ik jullie louter nog in pakken van boven de zevenhonderd euro willen zien. Of in pyjama, voor het overzicht. En anders liever als de kleding die je bij het Leger des Heils inlevert: gewassen, en in een goed gesloten plastic zak. Want echt: een man met slechte kleren is als een zin met een taalfout. Een wedstrijd waarin niet wordt gescoord. Een auto met een spoiler. Met slechtgeklede mannen wil je geen seks. Vrouwen zéggen wel dat het niet uitmaakt, maar geloof me, het maakt wél uit.

Natuurlijk, voor de mannen die al een goed pak hebben en nog steeds niks bereiken, is er geen hoop. Maar tegen al die mannen die elke dag een shirtje van hun wasberg plukken en denken: ik hoef geen waardering over mijn kleding, zou ik willen zeggen: denk je eens in wat je had kúnnen bereiken in een goed pak.

Voor al díé mannen zou dit wel eens het advies kunnen zijn dat hun leven voor altijd verandert.

DE HIPSTERBAARD

Mensen vragen me vaak: wanneer is het nou eindelijk eens klaar met al die baarden op kantoor? Dan zeg ik: jongens, nog even geduld, de baard zal vanzelf verdwijnen. Hij wordt namelijk al eenheidsworst en alles wat eenheidsworst is, is snel voorbij. Zo zag ik al een advertentie voor een rolkoffer, aangeprezen door een man met een hipsterbaard; een Opel Vectra met daarin een baard en een mannenknotje, en de eerste hipsterbaarden op het kantoor van de gemeente Waddinxveen. Het is dus nog slechts een kwestie van tijd voor de eerste hipsterbaarden eraf gaan.

4. SLIPPERS OP KANTOOR KUNNEN ÉCHT NIET

Ik hou altijd mijn hart vast als het weer zomer wordt, ik zie er altijd enorm tegen op. Nederlanders gaan zo raar doen als het warm wordt. Dan moet iedereen ineens barbecueen, veranderen de parken ineens in festivallocaties met foodtrucks, verkeersregelaars, mobiele toiletten en afzetlinten en moet iedereen tegelijk naar het terras en allemaal in de file naar het strand. En maar heerlijk genieten met z'n allen, 'ZOLANG HET NOG KAN!'

Op veel kantoren is het niet anders. Daar krijg je ook meteen hysterie zodra het buiten boven de vijfentwintig graden wordt. Ramen open, puffen, ijsjes halen, urenlang buiten lunchen 'want straks zitten we weer maanden in de regen' en het klapstuk: de korte broeken en slippers die ineens opduiken. Alsof het de gewoonste zaak van de wereld is om overal om je heen harige benen te hebben en mannentenen met witte schimmel ertussen.

Jongens, doe eens normaal.

Met de klimaatopwarming zijn tropische dagen net zo gewoon geworden als verregende winters zonder Elfstedentocht. Je kunt je beter afvragen of we niet eens wat mínder in de zon zouden moeten en wat een zegen het dan is op kantoor. Lekker de ramen dicht en knallen maar.

Ik haat ze ook, slippers. Even afgezien van de hygiëne: denk ook eens aan de arbeidsveiligheid met al die hete koffie en kroketten die je zomaar over je voeten kunt krijgen. Stel je verder eens voor dat je baas op slippers naar zijn werk zou komen. Dat zou toch doodeng zijn.

Ik heb mijn baas wel eens in een hippe spijkerbroek gezien en daar heb ik al een paar weken van moeten bijkomen. Want even afgezien van alle mystiek die er in één keer aflazert als je de tenen van de baas ziet, stralen slippers toch vooral uit 'ik wil hier niet zijn, wat kan mij de hele godskolerezooi schelen en laat alles maar uit je tengels flikkeren'. Dat lijkt me geen handig gevoel op kantoor.

Ik snap het ook gewoon niet, slippers. Ik zie kantoor als een feestje waar allemaal spannende, bruisende mensen komen en de mogelijkheden onbegrensd zijn. Dan ga je toch niet op slippers? Ja, Frankrijk. Dáár kun je op slippers heen. Maar naar kantoor kleed je je zoals op een spannende date. Horen daar slippers bij? Ik dacht dus van niet.

Neem een voorbeeld aan de Italianen, Spanjaarden en Fransen. Zie je die op slippers op kantoor? Werken die überhaupt? Is het daar kouder dan bij ons? Precies. Verder valt het me op dat in bedrijven zonder slippers meer geld wordt verdiend dan in bedrijven mét slippers. Google, Apple en Facebook zijn echt de enige uitzonderingen.

En het ziet er ook gewoon niet uit, slippers. Ja, een perfect gepedicuurd en genagellakt maatje 37. Dan mag je zelfs met je tenen týpen, wat mij betreft. Het punt is echter dat de meeste mensen nog beter voor hun basilicumplant zorgen dan voor hun voeten. Helemaal vanaf de leeftijd dat je er een bril voor moet opzetten om te zien dat het één grote kalkgroeve is geworden daar beneden. Dan zeg ik: wegwezen. We verbannen de slipper naar Elba.

Na de slipper begint het leven.

Slippers op je werk

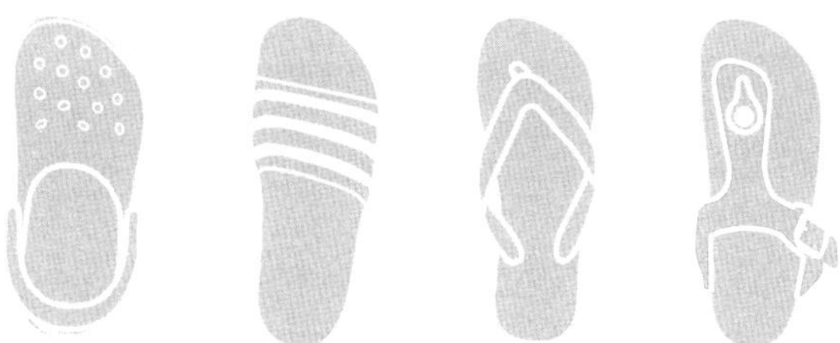

De 'als het in de Efteling kan, kan het ook op je werk'-collega

De lul van sales

De 'wat kan mij het allemaal een reet schelen'-collega

De 'mijn dochter van 8 heeft ze ook'-collega

13 ETEN, DRINKEN EN ROKEN

Als je ziet wat er op kantoor allemaal wordt gegeten en gedronken is het eigenlijk nog een wonder dat niet heel Nederland obees is, want man man man, er wordt wat afgegeten en gedronken op kantoor. Daarom in dit hoofdstuk aandacht voor de inwendige mens. Haal je koffie voor je collega's of niet, hoe overleef je de gezamenlijke lunch, wat trakteer je en wanneer, waarom is alcohol eigenlijk niet meer toegestaan op je werk en waarom zou je beginnen met roken?

Korte samenvatting: rijstwafels zijn te allen tijde verboden op kantoor en hoe vaker je koffie haalt, hoe lager je salaris.

1. KOFFIE

In de kantoortuin kun je van alles doen zonder dat het opvalt: verliefd worden, aan iemands stoelpoten zagen, goed werk leveren, in een hoekje wegkwijnen.

Behalve koffie halen. Om de een of andere mysterieuze reden kun je niet zomaar een bekertje koffie halen, gewoon voor jezelf. Dat gaat zomaar niet. Er moet koffie worden gehaald voor anderen. De druk is enorm. Koffie is zwart goud met een distributiewaarde.

Ik ken dus veel collega's die vragen of iemand koffie wil. En dat dan al die hoofden hun kant op schieten. Als roofdieren. Zwart! Verkeerd met suiker! Verkeerd met een zoetje! Espresso met extra melk, latte-macchiato-zonder-suiker-maar-met-roerstaafje! Gewoon thee (maar geen groene, getver). Of: nee, geen koffie, maar wel een glaasje water, graag – dat zijn de ergsten.

Vervolgens zie je ze met lood in de schoenen en een papiertje met de bestellingen erop richting automaat sjokken en komen ze een halve dag later terug, worstelend met ingezakte cappuccino's, theetjes met koffiesmaak en bekertjes water met van die sliertjes koffiekleur erdoor. En dan maar uitdelen. En dat het dan nooit klopt en dat ze dan terug moeten. Niet gek dus dat mensen me vragen: haal ik nou wel of niet koffie voor mijn collega's?

Ik zou zeggen: we stoppen ermee. Het is gewoon echt te veel gedoe. Die dienblaadjes met rondjes erin en dan voor tien man halen. En dat je dan niet meer weet welke die zonder suiker was. En wat de latte, en de cappuccino. De laatste grote, wereldwijde, longitudinale koffie-op-kantoorstudies laten bovendien zien dat hoe vaker mensen koffie halen, hoe minder salaris ze krijgen.

En dan nog de vraag: wie bied je het aan, alleen de mensen vlakbij, of iedereen, en zo ja, waar houdt vlakbij dan op?

Hou eens op zeg.

Ik zou dan ook zeggen: drink je koffie zoals het hoort: staande bij de koffieautomaat, en niks halen, voor niemand niet. Voordeel: je koffie is vers, je blijft in beweging, je hoort en ziet nog eens wat en je kunt zelf controleren wat er in je bekertje zit. Ik hoorde namelijk ooit van een stagiair ergens in een bedrijf – ik zeg niet waar, maar het was ergens in Amsterdam – die er zo zat van was dat hij steeds koffie moest halen, dat hij zijn eigen lichaamssappen erin verwerkte. Jullie zijn gewaarschuwd.

Wat misschien nog nét kan: voor één exclusief iemand koffie halen, en verder voor niemand. En dan ook weer niet altijd. Verwarring zaaien met exclusiviteit is, net als met seks, altijd goed.

En als ze dan blijven zeuren om koffie, haal dan koffie voor iedereen. Maar dan dus ook echt voor IEDEREEN. Voor de zesde verdieping, de vijfde, de vierde, de eenendertigste, de hele rimram. Dat je er de hele dag mee bezig bent, met zo'n karretje. 'Ik ga toch joh! Geen enkele moeite.' En flink aandringen als ze niet willen. En je even voorstellen als ze je nog niet kennen.

Dan ga je naar de Starbucks voor iedereen. Het is een blokje verderop, en je moet er een bakfiets voor huren, en dan ben je inderdaad even weg ja, maar jullie wilden koffie, dus dan krijg je koffie. Als je iets doet in de kantoortuin, doe het dan goed.

En daarna vragen ze het nooit meer.

2. LUNCHEN

In de kantoorjungle is alles afgetimmerd. Er zijn protocollen voor kleding, de kerstversiering, pesten, parkeren. Voor hoe je het toilet moet achterlaten en het aanrecht. Eigenlijk het enige dat wordt vrijgelaten, is eten. Het observeren van etende collega's in al hun ongecorrigeerde puurheid is daarom een van de fascinerendste bezigheden op kantoor.

Eten is weten.

Zo zijn er de collega's die tijdens de lunch een sapje en een salade eten, hun buik inhouden en na afloop een broodje bal scoren bij de slager. Of de maaltijdsaladedames die op kantoor grote plastic bakken groenvoer knagen en zich thuis voor de tv volladen met ijs. Deze collega's hebben ook vaak in hun werk iets te verbergen.

Je hebt ook de collega's die met veel zinloos lawaai hele bossen wortels tegenover je gaan zitten wegwerken. De kliko's die zich aftanken met gefrituurde happen en zich daarna weer zwetend en stinkend naar shag achter hun scherm zetten – die zijn vaak slordig op hun werk. De roofdieren die elke dag rond twaalf uur de koelkast plunderen ('joh!, ik had die naamstickertjes helemaal niet gezien!'). En dan zijn er nog de collega's die hun bestek als mestvorken hanteren, als beesten in knapperige broodjes kraken en in een geestdriftig betoog tijdens de lunch eistukjes in je ogen spugen – horken. Het is allemaal even boeiend als leerzaam.

Ik ben er dan ook voor om de anarchie rond eten te handhaven. Hoe minder regels hoe beter, voor de beste observatie. Toch zou ik hier en daar wel wat willen stroomlijnen voor het overzicht op de foerage. Zo dacht ik aan wisselende lunchshifts, zodat de afterlunchdip een beetje wordt gespreid over kantoor. En een wisselende, verplichte lunchgenoot, zodat iedereen een keer de baard met de zwarte tanden tegenover zich krijgt. Verder een bananenverbod voor mooie vrouwen omdat het de mannen te veel afleidt, een verbod op lekkend fruit op flexplekken en een discrete bruine zak met gezond eten bij de portier voor diegenen die overduidelijk falen in hun eetgedrag. Maar verder vind ik dat eten zo eerlijk mogelijk moet blijven. Dus geen hulpmiddelen van thuis. Ik bedoel: het meenemen van lunch-eten is niet toegestaan. Snoep en traktaties mogen natuurlijk wel, zie ook hierna, maar verder: wegwezen met je verantwoorde, meegebrachte lunches.

Ik ben dus tegen broodtrommels. Ook omdat ze stom zijn. Broodtrommels geven het signaal: ik heb het leven opgegeven en kan op een karretje worden weggereden in een zurige kaaslucht. Sowieso dat hele brood meenemen naar kantoor: hou daar eens mee op. Of je moet louter dubbelgebakken speltquinoa met een glutenvrije rietberger kunnen verdragen, dan maken we een uitzondering, maar verder: doe even normaal.

Dan nog een woord voor de mensen met eigen Nespresso-machines, tosti-ijzers en een woud van verlengsnoeren onder hun bureau. Alsof ze hun eigen toko runnen. Ik vind dat kantoorondermijnend gedrag. Klagen over stinkende magnetrons en hijgende collega's tijdens de lunch hóren erbij. Als je daar niet tegen kunt, ga je maar zzp'en.

Als we dit allemaal hebben genoteerd, ga ik nu weer even etende collega's kijken.

TIPS VOOR HET ETEN ACHTER JE SCHERM

Lunchen achter je scherm is niet toegestaan. Je wilt je toch zo veel mogelijk kunnen ergeren aan etende collega's. Ga dus naar de kantine op het drukste tijdstip voor het beste resultaat. Lukt dit allemaal even niet, hieronder de vijf tips voor eten achter je scherm:

1. Eet geen rijstwafels. Die stinken te veel.
2. Eet geen bossen wortels. Die maken te veel lawaai.
3. Eet geen broodjes waar steeds saus uit komt.

4. Eet geen knapperige broodjes, zeker niet als je steeds met je kiezen op elkaar klapt tijdens het eten.
5. Lukt dit niet, spreek dan af om TEGELIJK alles op te eten met harde metal op de achtergrond zodat niemand het hoeft te horen.

3. TRAKTEREN

Er zijn collega's die hun volledige stofwisseling rond traktaties plannen. Alleen al daarom is het belangrijk vaak te trakteren. Maar er zijn meer redenen om dat veel en vaak te doen. En dan bedoel ik niet af en toe wat drop of chocola meenemen, nee. Dan bedoel ik trakteren met bordjes, vorkjes, rommel na afloop, plastic zakken, servetjes, gedoe, een hele groep om je heen en dan door de mand kunnen vallen omdat mensen het niet lusten. Trakteren is je nek uitsteken. Mensen die het nooit doen deugen niet. Ze zijn niet alleen laf en zuinig met lekkers, maar ook laf en zuinig in hun werk en het bedrijf onwaardig.

Vier dus alles op kantoor. Niet alleen je verjaardag, maar ook het zwemdiploma van je hond, de regen, Johann Sebastian Bach en die rotcollega die eindelijk weg is. Vier ook dat we al decennia geen oorlog hebben, dat Mart

Smeets tegenwoordig best weinig op tv is en dat ons aardgas lekker in de grond blijft zitten – bijna alles kan.

De vraag is natuurlijk wel: wát trakteer je? Ik zou zeggen: chocola, slagroom of iets met mokkacrème is bijna altijd goed. Maar je kunt ook uit de doos denken en iets met saté of pizza doen – als je alles maar zelf maakt. Als je echt niet kunt koken, bakken en braden, kies dan voor iets duurs en werk altijd vanuit het principe 'hoe ongezonder hoe beter'. Koop nooit iets van de MultiVlaai, dan ben je echt een loser.

Dan het uitdelen. Het geheim van een succesvolle traktatie is 'strategisch mailen'. Begin met een mail naar de leuke, bescheiden collega's in de buurt, mail dan de leuke collega's van verderop die hard kunnen lopen en mail vervolgens de hele meute in concentrische cirkels van leukheid. Vergeet niemand. Maak een aparte mailgroep voor de eikels zodat je, als iedereen al met de kieuwen vol staat, op de knop kunt drukken en kunt zeggen: 'Oh, had je mijn mail niet gezien?' Mensen die nog geen mail hebben gehad maar toch al komen, kun je melden bij je baas. Zij krijgen geen salarisverhoging in januari.

Het fijnst is om iets te trakteren wat veel rommel maakt – denk puddingbroodjes, tompoezen, slierten noedels, pindasaus en Bossche bollen. Want dat is natuurlijk de belangrijkste reden van trakteren: het observeren (zie ook 'lunchen') – wie houdt zich staande, wie maakt makkelijk vieze handen, wie smakt er (die nemen we niet mee naar het offertegesprek). Verder is degene die alleen het chocolaatje van de taart eet een klootzak óf zwanger, en zijn degenen die vrágen of ze het laatste stukje mogen niet te vertrouwen.

Trakteren onthult zoveel informatie over je collega's, dat ik vind dat er best wat meer dynamiek in zou mogen. Zo dacht ik aan gevulde eieren om de magen van je collega's te testen en iets met paling, tenen knoflook, oesters of haring om te kijken of ze écht samen kunnen werken. Of een krat cola en dan samen het alfabet boeren, samen koek snijden, de touwtjes erdoor en happen maar, of bergen snoep, hoppa, in een bak water en dan om de beurt erin. Of een schandpaal erbij. Kijken wie de meeste slagroom in zijn mik krijgt.

Wie trakteert, bepaalt, eet en weet.

4. ROKEN

Je moet toch wel een volslagen idioot zijn om te roken op kantoor. Om te roken überhaupt natuurlijk, maar in de kantoorjungle is het helemaal triest. In zo'n afzuighok waar je op drie centimeter in elkaars gezicht staat te blazen. Voor de draaideur bij zo'n walmende paal en dan maar schaapachtig lachen naar de mensen die binnenkomen en weggaan. Of áchter het pand, in het verdomhoekje, langzaam stervend in de sneeuw tussen de afvalcontainers.

Roken is een middelvinger naar het lichaam in het algemeen en de mensen die je lief zijn in het bijzonder, en toch snap ik rokers op kantoor heel goed. Sterker nog, ik raad het al mijn onzekere jonge collega's aan: begin ermee als je het nog niet deed. Want roken geeft je een houding als je die niet hebt, gezelligheid als je die op je eigen afdeling niet vond, en als je ongelukkig bent, is het leven ook veel sneller voorbij.

Maar wat belangrijker is: rokers vormen een geheim bondgenootschap waar niet tegenop te netwerken valt. Rokers wéten dingen, omdat ze werken in alle echelons, van CEO tot stagiair, en ze ontmoeten elkaar op hun zelfmoordmissie: dat schept een band.

De koffieautomaat is ook zo'n plek waar je het hele bedrijf tegenkomt, ongesegregeerd en los van elke gezagsrelatie. Maar daar sta je toch weer in het tl-licht, terwijl rokers naar buiten kunnen, even los van alle stippen op de horizon, aanvliegpunten en systeemplafonds.

Rokers hebben het ook altijd over interessante dingen. Gaat het binnen over targets en belangrijk doen, tijdens het roken gaat het over de liefde, over poëzie, over de vergankelijkheid, de duivel en de dood en stijg je, zeker door de grote hoeveelheid koolmonoxide in je longen, tot grotere hoogten dan je ooit tijdens een brainstormsessie kwam.

Rokers scheren voortdurend langs de afgrond. Ze gaan ten onder, zeker, maar dan wel samen. Jammer dat binnen niemand meer met ze wil praten omdat ze zo uit hun straatje stinken, maar ze zijn wel altijd slanker dan niet-rokers, en ze eten niet steeds al je snoep op. Ga er anders eens voor de grap bij staan, met een gasmasker op. Het zijn best leuke mensen, rokers. Jammer dat ze zo snel weer dood zijn.

De collega's die timen hoe lang rokers van hun werkplek zijn en hoe oneerlijk dat is voor de niet-rokers, kunnen hier overigens mee ophouden. Bij rokers giert er zoveel aceton, benzeen, fosforzuur, ammoniak, cadmium, lood, nicotine, teer en blauwzuurgas door de aderen dat ze drie tot vier

Roken op je werk

- [ ] Onzeker en jong
- [x] Volslagen idioot
- [ ] Levensmoe
- [ ] Netwerken

keer meer werk verzetten in dezelfde tijd dan niet-rokers.

Ik zou dus zeggen: weg met de rookplek. Maak het rokers zo moeilijk mogelijk, laat ze maar lopen, kijk ze hijgen, dat smeedt ze nog dichter aaneen. Verbied roken desnoods helemaal, zodat ze ondergronds belanden en elkaar daar vinden.

Zorg verder dat je altijd sigaretten hebt voor de wanhopigen – dat geeft je macht en krediet voor het leven –, geniet van je eigen schone longen en betracht respect voor zij die gaan sterven.

Zonder dood is er geen leven in de jungle.

5. ALCOHOL

Om de een of andere reden, en niemand weet meer precies waarom, is alcohol in de taboesfeer beland in de kantoorjungle. Het is verboden, nergens mag het.

Ja, op de vrijmibo. Dan mag het ineens weer wél. Aan het einde van de week als iedereen doodmoe is en je binnen no time katjelam bent en uiteindelijk weer met mosterd op je wang zoenend met de verkeerde collega tussen de rododendrons terechtkomt.

Maar gewoon even een tequilaatje voorafgaand aan een lastige vergadering? Een glaasje champagne rond een uurtje of elf? Een wijntje bij de lunch of een safari-jus bij het kopieerapparaat? Dat mag dan dus weer niet.

Ik vind dat onbegrijpelijk. Ik kan in elk geval geen enkele goede reden bedenken waarom mensen zijn gestopt met structureel drinken op kantoor, behalve dan misschien het

SGP-achtige idee dat het kantoorlichaam sober, nuchter en waardevrij zou moeten functioneren.

Terwijl het tegendeel natuurlijk waar is. Ja, op de weg, in operatiezalen en op de redactie van *De Correspondent*, daar is het misschien belangrijk dat lichamen sober, nuchter en waardevrij functioneren. Maar op kantoor? Juist daar moeten toch horizonten worden verruimd, moet buiten de lijntjes worden gekleurd om stappen te kunnen zetten. Dacht je dat Willem Barentsz zonder jajem zover was gekomen in die ijszee? Of dat Michiel de Ruyter broodnuchter de chocoladevlok had uitgevonden? Ik dacht het dus niet, mensen. Ik durf te beweren dat de welvaart van ons land is gebouwd op de grondvesten van de alcohol. Toch?

Niet zo lang geleden dronken we nog gewoon op kantoor. En dan niks stiekem vanuit een geheime lade, maar hop, even een whisky vlak voor je functioneringsgesprek. Die kwam dan uit zo'n wereldbol vlak naast de humidor en dan na de vergadering afpilsen. God, waar is die tijd toch gebleven?

Ik zeg niet dat alles vroeger beter was, maar toen iedereen nog gewoon dronk op kantoor, zeiden we nog 'excellentie' tegen ministers, droegen de mannen nog pakken, hadden de kranten nog hoge oplages en de reclamebureaus nog werk. Ik zeg niet dat er een verband is, maar het is toch opvallend. Kijk ook eens naar de Belgen, de Spanjaarden en de Fransen. Die drinken ook gewoon de hele dag door op kantoor en daar is het altijd hartstikke mooi weer.

Daarom zou ik zeggen: we brengen alcohol terug op kantoor. Rock-'n-roll: we beginnen bij de boekhouding. We vervangen de waterflessen door champagnekoelers, flikkeren die kartonnen bekertjes uit het raam en drinken uit stoere whiskyglazen. We hangen de drankkaart naast de koffieautomaat en we gaan shaken, stirren en knallen met die kurken.

Ik zeg niet dat iedereen in polonaise toetertje zat door de gangen moet, maar gewoon, zoals in het verkeer: met een Bob erbij die kan beoordelen of mensen nog naar huis kunnen of op kantoor moeten blijven slapen, die de notulen bijhoudt tijdens vergaderingen en die de ideeën kan beoordelen. Een Bob die de autosleutels inneemt als dat nodig is, die de toner kan vervangen, voor de pakjes kan tekenen en de aandeelhouders kan ontvangen. Dan kan de rest gewoon lekker drinken.

Ik zeg ook niet dat alles er beter van wordt op kantoor, van alcohol, maar het lijkt in elk geval wel zo. Alleen daarom al een reuzegoed idee dat het proberen waard is.

14 COMMUNICATIE OP KANTOOR

Communiceren met collega's is vaak een mijnenveld, je wordt al snel verkeerd begrepen. Hoe vaak groet je ze, hoe mail je met ze, hoe laat je weten dat ze hun afwas moeten opruimen, mag je nou wel of niet schelden op kantoor, hoe overleef je al dat geestdodende jargon, praat je zelf nou wel of niet in dialect en hoe hou je een goede presentatie? In dit hoofdstuk staat het allemaal op een rijtje, inclusief een lijst van bullshitwoorden als 'aanjagen', 'verbinden' en 'borgen' en goede, heldere alternatieven.

Korte samenvatting: spreken is zilver, maar mailen is goud.

1. BRIEFJES DIE COLLEGA'S VOOR ELKAAR ACHTERLATEN

In mijn bedrijf hangen ze natuurlijk niet – of eigenlijk wel, om eerlijk te zijn, maar daar gaat het nu niet om. Waar het om gaat, is dat iedereen ze kent: de passief-agressieve 'mededelingen' die collega's voor elkaar ophangen in de vorm van memootjes, briefjes en bordjes in de categorie DIE TOILETBORSTEL STAAT ER NIET VOOR NIETS SVP! Of: DE KOPJES AFWASSEN DOET GEEN PIJN AUB!!! Of: VERWISSEL DE TONER IN GODSNAAM NIET ZELF BVD! Er staan altijd afkortingen in en kapitalen en uitroeptekens. Daardoor lezen ze als mitrailleurvuur. De ergste zijn die met smileys.

Ik word altijd heel nerveus van die dingen. Iedereen natuurlijk.

Dat komt doordat de opgekropte frustratie van uren, dagen, maanden, lichtjaren eruit naar boven braakt. Pure onmacht, in zijn meest rauwe vorm. En mensen worden nerveus van onmacht. Het is ook zielig, zeker als het ook nog geplastificeerde postertjes zijn, keurig recht opgehangen. Dat die slag er ook nog overheen gemaakt is, zeg maar.

Ik wil er daarom kort over zijn, lieve mensen van de briefjes: ze werken niet. De jungle beteugel je niet met papier. Sterker nog, het wordt er alleen maar erger van. Ik heb een collega die stress krijgt van het briefje 'DAMES, NETJES IN DE POT PLASSEN AUB' en er juist als een 'incontinente kleuter' van over de rand gaat stralen. Er zijn ook collega's die ervan juist met ópzet over de rand gaan poepen. Of de toner leeggieten in de planten. Of ze gaan bordjes terug ophangen met teksten als 'niet lopen op het plafond' en 'niet kotsen in de wasbakken'. En voor je het weet ontspoort het weer.

Daarom zou ik een heel andere aanpak willen voorstellen. We gaan op kantoor geen corrigerende briefjes meer ophangen, maar mensen op heterdaad betrappen. We maken SWAT-teams die bij toerbeurt op wacht gaan staan bij de gemeenschappelijke koelkast en we nailen de eikel die altijd je kaas opvreet. We gaan achter de toiletdeur of bij het kopieerapparaat staan en we flikkeren een emmer water over de onverlaat die altijd de klep open laat staan. We halen die gasten die bruine strepen laten zitten zélf met hun kop door de pot. Of we drukken er een slagroomtaart op, dat soort dingen werkt.

Wat overigens niet betekent dat we stoppen met de briefjes op kantoor. Integendeel. Ik zou juist méér briefjes willen zien. Maar dan niet meer de passief-agressieve, maar die vol liefde. Anonieme liefdesbriefjes. In zijn tas, of op haar scherm als ze terugkomt van de lunch. Of briefjes met opzwepende levensmotto's op het toilet als YES WE CAN.

Ik dacht verder aan postertjes met handige tips als 'goed kauwen dat het gelijkmatig in je bloed komp' in de kantine. Levenswijsheden als 'een dag niet ten volle geleefd is ook wel eens lekker' in de vergaderzaal en 'een grap is een gat waar de waarheid doorheen fluit' in het trapgat.

Verder vind ik grote zeildoeken mooi, op de gevel of binnen, als in een voetbalstadion, die collega's over hun hoofden aan elkaar doorgeven met IK HOU VAN KANTOOR erop.

Kom op nou, mensen. We zetten de schouders eronder en rotten al het cynisme de kantoortuin uit.

2. RUZIE OP KANTOOR

Jullie moeten het maar zeggen als ik te veel in het verleden blijf hangen hoor, maar af en toe verlang ik terug naar het schoolplein. Wie het best knikkerde kreeg de pot, wie het hardst kon lopen de meisjes, en de jongens met een bril waren het grappigst.

In de kantoorjungle is het allemaal zoveel ingewikkelder. Daar kun je de sterren van de hemel knikkeren, maar krijgt altijd degene met de vlotste babbel de knikkers, zijn er zoveel brillen dat er geen peil meer op te trekken valt, loopt niemand meer hard en moet je van de meisjes afblijven – om van de jongens nog maar te zwijgen.

Maar wat ik het meest van het schoolplein mis, zijn de ruzies. En dan bedoel ik niet die met de engerds die je na schooltijd stonden op te wachten omdat je te hoge cijfers haalde, het smeulend zwijgen van de bitches, of die leraar met de losse handjes – die had je nog in mijn tijd. Nee, ik bedoel de onversneden, vers-van-de-lever ventilatieruzies. Met hard schreeuwen en schelden. Die zo opluchtten.

In de kantoorjungle mis ik vaak de boodschap – ‘wat een kutidee’, ‘waar kom jij potdomme zo laat vandaan’, ‘wat een zaadpresentatie’, ‘kun je even je klep houden?’ – omdat iedereen zo vreselijk beschaafd is. Dan zeggen ze dat er ‘zeker heel veel potentie in je voorstel zit’, maar dan bedoelen ze dat het ruk is en stop je er weer veel te veel tijd in. Of je staat te zweten van geluk omdat ze de 345 plaatjes van je PowerPoint zo ‘leuk’ vonden terwijl ze je bij de koffieautomaat staan uit te lachen. Of je krijgt elk jaar op het personeelsfeestje weer dat gekke mens van de boekhouding met die liedjes omdat niemand tegen haar durft te zeggen dat het superslecht is.

Ik zou daarom willen pleiten voor een vleugje straatvechten in de kantoorjungle. Is duidelijker. Iemand uitmaken voor ‘spinaziekut’ of vragen of je iemands ‘neus leeg mag vreten’ gaat natuurlijk te ver. Maar waarom zou de onvolprezen ‘zak hooi’ niet mogen, de ‘natte wind’ of de ‘lul met vingers’ als iemand het heeft staan verkloten? Waarom is de *good old* ‘lul de behanger’ eigenlijk verdwenen uit de kantoortaal? Of de ‘eikel’, recht in iemands gezicht? De klootviool? De zakkenwasser?

Nu ik erover nadenk, zou ik ook best het vuistgevecht terug willen. Een heroïsch duel, mens tot mens. Alle collega’s joelend erachteraan. Naar buiten. En wat is er verkeerd aan iemand aan zijn oren over zijn bureau trekken?

Zo ben ik zelf in ieder geval ook meermalen gecorrigeerd als kind en kijk mij nou eens.

Misschien dat het in het begin nog een beetje onwennig voelt, al die helderheid. In die fase kunnen we dan wellicht een scheldclinic organiseren, of een workshop boksen. Lijkt me sowieso geweldig om eenboksschool onder het bedrijf te hebben. Gooi het eruit en sla erop. Hoe dan ook zou ik zeggen: laten we het gewoon een tijdje proberen.

Als het escaleert, kunnen we er altijd nog de conciërge bij halen.

DE VIJF SCHELDWOORDEN DIE TERUG MOETEN OP KANTOOR:

1. Klootviool
2. Lul met vingers
3. Zakkenwasser
4. Minkukel
5. Mispunt

3. GROETEN OP KANTOOR

De meeste collega's mompelen wat als ze 's ochtends binnenkomen. Of ze zeggen helemaal niks. Ik snap dat wel. Het was te vroeg vanochtend, gesneden bij het scheren en de ritsen van de kinderen stuk. Geen enkele reden voor een 'goedemorgen', denken ze. Het tegendeel is natuurlijk waar.

Napoleon murmelde ook niet tegen zijn mannen voordat hij ten strijde trok. Nee, hij klaroende, balde zijn vuist, gaf zijn paard de sporen en hief de banier richting slagveld. Dat is wat wij ook moeten doen 's ochtends: een klaroenstoot. Een luid en duidelijk 'goedemorgen, lieve mensen' tegen iedereen. Want we trékken ten strijde, we verleggen die grenzen, we duiken erop, we springen erin. Daar hoort geen gemompel bij, ook niet bij het weggaan, want morgen moet er weer land worden veroverd.

Zo belangrijk als begin en einde van de dag zijn ook alle andere groetmomenten op kantoor. Een groet is het emotionele strooigoed van de kantoorjungle. Een signaal. Een moment niet gegroet kan onnoemelijk leed veroorzaken, een wél gegroet onnoemelijk veel blijdschap. Niet gek dus dat mensen me vaak vragen: hoe groet ik mijn collega's?

Mijn advies zou zijn: de mensen met wie je weinig hebt, groet je altijd. Hoe vaak je ze ook tegenkomt. Denk nooit: ik heb je al een keer gegroet vandaag, daar doe je het verder maar mee. Nee, je groet. Of het nou de portier, de mevrouw die de wc's schoonmaakt of de aandeelhouder is. Groet iemand natuurlijk wel met afnemende sterkte naarmate je hem of haar vaker hebt gegroet, zodat bij de achtste keer nog slechts een vaag geluid met een knikje over is. Anders wordt het weer eng.

Voor alle andere collega's dient het hele arsenaal aan groeten te worden ingezet. De verliefde groet met het verlegen naar de grond kijken voor de mooie jongen van sales. De bewuste niet-groet voor de lul van sales. De aanmoedigende groet voor de schuchtere collega, 'de veelbetekenende groet met wijsvinger' voor de baas. De dreigende groet voor de eikel.

Mensen met betraande ogen dienen nooit gegroet te worden. Die stuur je een mail. In een lange gang begin je bij leuke mensen meteen te brullen zodra er oogcontact is. Bij gewone collega's zit je net even in je loopdossier te zoeken en sla je bij het passeren kort de blik op voor een snelle 'hoi'. Op het toilet groet je altijd. Ook als iemand net uit het hokje komt na een avondje Indiaas eten. Je strijdt met open vizier in de kantoorjungle, dus je groet.

Bedenk steeds: door te groeten zet je een lichtje op je collega's. Of doe je het licht uit. Zeker in donkere dagen iets om rekening mee te houden.

DE VIJF GROETEN DIE NIET ZIJN TOEGESTAAN OP KANTOOR:

1. Dikke doei
2. Hoi hoi
3. Heb een fijne avond
4. Veel succes verder (behalve voor die lul van sales)
5. Gaan we het zo doen

4. MAILEN

In de kantoorjungle wordt veel gezeurd over mail. Dat de boxen zó uitpuilen dat we nergens meer aan toekomen. Dat we moeten stoppen met mailen 'om de regie over ons werk terug te pakken'. Dat een 'persoonlijk belletje' vaak beter werkt dan een mail. Dat er meer gebruik moet worden gemaakt van community's, sharepoint/intranet en BIM/app en allerlei andere dingen waarvan ik geen flauw idee heb wat het is. Dat we, kortom, weer ouderwets met elkaar moeten gaan communiceren. *Face to face.*

Ik dacht het niet, mensen.

Even afgezien van het feit dat collega's die zinsneden gebruiken als 'de regie terugpakken' en 'een persoonlijk belletje' met een grote vleesvork door een bad kokende olie zouden moeten worden gehaald, is het natuurlijk enorme bullshit dat we minder moeten gaan mailen. We moeten juist méér mailen. Mailen is de bloedstroom van de kantoorjungle en de snelste weg naar iemands hart of zijn prullenbak.

De mailbox is de heerlijke heg voor de sociaal minder begaafden, de moeilijke praters, de uit-hun-mond-stinkers en breedsprakigen. Maar mailen toont ook wat je aan iemand hebt. Niets zo onthullend als een 'mail to all' sturen en dan kijken hoe mensen reageren.

Mail is de spiegel van de ziel. Zo zijn er de mensen die op het eerste oog toffe gasten lijken, maar via de mail niet verder komen dan dingen 'oppakken', iets 'neerleggen' of 'intern opvolgen'. Of erger nog, die na elke zin een smiley plaatsen. Dat soort mensen kun je negeren.

Collega's die daarentegen heel rustig en saai lijken, kunnen in de mail ineens ontvlammen in gepassioneerde musketiers. En dan bedoel ik niet eens meteen iets seksueels, maar een rake woordhuppel die ze gebruiken, een zinnenprikkel. Een onverwachte dubbele punt, in plaats van een gedachtestreepje: zoiets kan mij dus in lichterlaaie zetten. Iemand die goed kan mailen, is goed in bed en wie goed in bed is, weet van aanpakken. Ik ken mensen die mijn mails uitprinten en ze meenemen op survivaltochten. Werkt effectiever dan een aansteker, zeggen ze. Mails die elkaar kruisen – dat is toch het mooiste wat er is.

Wat niet wil zeggen dat mailen zonder risico is, integendeel. We hebben allemaal wel eens iemand een ontiegelijke lul genoemd in een groepsmail en toen per ongeluk zijn naam in de cc gezet. Laat het los. Het is niet erg.

Sterker nog: het is beter zo. De persoon in kwestie weet meteen wat hij aan je heeft en dergelijke mailblunders maken je onsterfelijker dan welke grote prestatie voor het bedrijf ook. En hoezo niet mailen als je boos of dronken bent? Juist dán mail je. Heldere, eerlijke, onverbloemde communicatie.

De belangrijkste regel: je leest alleen mails waarop iemand zijn best heeft gedaan. Minimaal een persoonlijke aanhef dus en iets specifieks als 'hoe is het afgelopen met die sapcentrifuge waarop je had geboden op Marktplaats?'. *For your information*-mails mag je prullenbakken, met blafmails van één woord kun je je reet afvegen.

Mail niet alleen met kutverzoeken, maar ook eens zomaar een 'je haar zit of je seks hebt gehad' of 'hoe is het eigenlijk met jou?'. Als het echt niet anders kan, schrijf je: 'Ik heb je heel lang niet gezien, en daar zijn we allebei niet rouwig om, maar ik heb dus even een rotverzoek...'

Urgentiemeldingen zijn signalen dat mensen te weinig aandacht krijgen. Wegwezen. Wij maken zelf wel uit wat we urgent vinden. Koop een jeukzalfje tegen vrouwen die hun mails ondertekenen met 'maandagmiddag, woensdagmiddag, donderdag en vrijdagmiddag ben ik vrij'.

Tot slot vind ik dat elke mail moet worden afgesloten met een persoonlijk statement. Geen saaie disclaimer (dan ben je sowieso een enorme sukkel, als je die hebt), maar: 'Deze mail is geschreven terwijl ik geen broek aan had,' of: 'Ik vind je nu even een eikel, maar je blijft een lekker ding.'

En al die mails dan, hoor ik jullie zeggen. Ja, al die mails.

Inderdaad. Alsof het louter nullen en enen zijn. Mails zijn de penseelstreken van je kantoorleven. Een goede mail wordt 3D, een hologram. Ik zou zeggen: iedereen op schrijfcursus en los. En dan over twintig jaar bundelen.

Literatuur *in the making*.

‘MAG IK HIERUIT??!1!1!’

De beste test of je collega’s deugen, is de ‘reply to all’ en dan kijken hoe ze reageren. Dan komt er via de mail een algemene mededeling dat de garagedeur per ongeluk de auto van de baas heeft opgegeten, dat het water in de toiletten vandaag bruin is maar dat dat niet erg is of dat het salaris deze maand niet komt – ik geef maar wat willekeurige voorbeelden – en dan typ je een antwoord en verstuurt dat naar iedereen.

Ik vind het een van de leukste dingen op kantoor: kijken wie er reageert en hoe. De collega’s die de baas aanbieden dat hij hun fiets wel even mag lenen, dat het water in het toilet bij hen thuis ook altijd bruin is of dat dat salaris toch al niet de reden was waarom ze hier werkten – maar bovenal de collega’s die geen humor hebben en ‘MAG IK HIERUIT??!1!1!’ gaan mailen – heerlijk – je kunt er zo maar een paar uurtjes zoet mee zijn.

Helemaal geweldig is de per ongeluk verstuurde reply to all. Collega’s die gaan slijmen bij de baas terwijl ze denken dat niemand meeleest, of leuker nog: collega’s die helemaal los gaan op de roddel terwijl ze niet doorhebben dat het groepje dat ze dachten te hebben ingetypt, toch net iets groter was dan ze dachten. Stuur een reply to all en ik zeg u wie uw vrienden zijn.

5. DE JONGENS VAN SALES PRATEN RAAR

De jongens van sales praten gek, iedereen weet dat. Ze pinpointen targets, levelen allerlei dingen naar elkaar toe, hebben ervaring in consultative selling op basis van risicoanalyses, signaleren proactief kansen in de markt, zijn hands on, gaan trajecten in en zoeken naar interventies in de hele keten.

Geen idee wat ze bedoelen.

Ik hoor de afdelingen waar het echte werk wordt gedaan daar vaak over klagen. Daar zeggen ze: stop toch eens met dat vage geleuter. Zég eens wat!

Ik snap dat wel, maar het is ook een beetje dom. Want de jongens en meisjes van sales weten donders goed waar ze het over hebben. Ze praten natuurlijk niet voor niets zo. Ze hebben er een reden voor.

Natuurlijk zou kantoortaal overal verboden moeten

worden. Behalve op de afdeling sales. Omdat alles afhangt van sales, álles in de organisatie. Jij kunt op je contentafdelinkje nog zulke mooie, concrete dingen knutselen, als sales het niet verkocht krijgt, kun je het shaken. Sales is *the lifeblood* van de organisatie. Daarom is het van levensbelang er in vaagtaal over te praten. Sales is zo abstract, ingewikkeld en intens dat het pure zelfmoord voor de hele branche zou betekenen als het concreet wordt gemaakt. De koning zegt ook niet tegen Poetin dat hij een klootzak is. Daar komen nucleaire ongelukken van. Zo is het ook met sales.

DE LUL VAN SALES

De lul van sales heeft een grote leaseauto waar hij het vaak over heeft, is net iets te dik en praat altijd heel druk en belangrijk in zijn telefoon als jij aan komt lopen – dan steekt hij zijn vinger naar je op, zo van 'ik ben nog even bezig' – hij heeft nooit tijd voor je. Niemand weet waarom, maar hij verdient duizenden euro's per maand meer dan de rest van kantoor. Hij wordt ook vaak vervangen: dan komt er een nieuwe lul van sales. Omdat hij zijn targets niet haalde, of omdat elders een mooie opportunity wachtte. De lul van sales is altijd in vergadering of aan het lunchen buiten de deur – dan heeft hij een 'meeting'. Hij zit zelden achter zijn bureau. Enorm handig. Want daardoor is er altijd een plekje op kantoor waar je even rustig kunt bellen of een tukje kunt doen onder het bureau.

Met kantoortaal camoufleren ze hun levensbelang in de categorie 'breek jij daar je mooie hoofdje nou maar niet over'. Daarom zeggen ze dat ze kritisch naar de workflow kijken als ze bedoelen: niemand voert hier een reet uit. Daarom zetten ze ergens strategisch op in als ze bedoelen: we zijn bijna failliet. Daarom zeggen ze: 'We hebben een paar mensen ingestoken op deze plannen' als ze bedoelen: niemand wil eraan meewerken. Alleen sales kan de waarheid aan.

Mensen die me vragen: 'Hoe ga ik om met die salestaal?' zou ik dus willen adviseren: wees dankbaar en toon er respect voor. Wees blij dat er een afdeling is die zich elke dag weer voor de leeuwen gooit. Verder is er natuurlijk nog het antropologische argument om de taal bij sales te omarmen: het is cultuur. Friezen verstaat ook niemand. Of Portugezen en Volendammers. Hoor je ook nooit iemand over.

In die lijn doorredenerend zou ik zelfs willen zeggen: kantel die salestaal eens even helemaal *out of the box*. Verdiep je erin, in plaats van er schamper of ironisch over te doen. Ga zélf eens een uitdaging aan op doelgroepsegmentatie of een op onderdelen te verbeteren output. Daag jezélf eens twentyfourseven uit op inputniveau, genereer zélf eens met je team (nieuwe) winstgevende omzet door integrale beveiligingsoplossingen op basis van een risicobenadering en klantbehoefte te bieden. In een dynamische omgeving. Op je customer journey.

Dikke kans dat je dan, net als ik, ineens wordt overspoeld door een golf van warme genegenheid. Voor sales, lieve mensen.

Voor sales.

DIT ZIJN DE ERGSTE JEUKWOORDEN OP KANTOOR:

Kantelen – aanpassen of bier drinken
In je kracht staan – kost veel energie
Nieuwe uitdaging – het moet met minder geld en minder mensen
Traject en proces – nee
Uit je comfortzone – iets dat je niet wilt
Corebusiness – meestal weet niemand wat dit is
Professional – vakman of vakvrouw
Borgen – goed regelen
Passie – iets waar je plezier aan beleeft of condooms kopen
Governance – nee
Dialoog – monoloog van een irritant iemand
Een stukje – nee
Uitrollen – beginnen
Regie – voortouw
Aanjagen – bevorderen
Kwaliteit – welke kwaliteit? Altijd doorvragen als iemand 'kwaliteit' zegt.
Stakeholders – belanghebbenden, betrokkenen of omwonenden
Innovatie – aanpassing
Transitie – aanpassing
Verbinden – contact leggen, een relatie opbouwen

In ons DNA – wat we hier belangrijk vinden
De neuzen dezelfde kant op – belangrijk: zorg dat er altijd iemand is die om zich heen blijft kijken
Stip op de horizon – doel, missie
Start-up – zzp'ers
Customer journey – kamperen of wat de klant belangrijk vindt
Flexplek – afschaffen
Laaghangend fruit – iets waar je weinig voor hoeft te doen
Quick wins – idem
Centraal staan – nee
Luisteren naar de werkvloer – een monoloog van je baas
Balans werk-privé – overwerk
Content – welke content?
Omdenken – drogredenering
Dicht bij jezelf blijven – jezelf geen geweld aandoen
Brainstormen – mee ophouden
Persoonlijke groei – cursus volgen
Transparantie – zo eerlijk mogelijk of liegen
Storytelling – marketing
Draagvlak – toestemming
Het beste uit jezelf halen – lekker laten zitten

6. HOE HOU JE EEN GOEDE PRESENTATIE?

Van alles wat er in de kantoorjungle moet gebeuren, geeft het geven van een presentatie de meeste stress. Ik las ooit dat mensen liever doodgaan dan een presentatie geven, wat een bekende komiek ooit de uitspraak ontlokte dat mensen op een begrafenis liever zélf in de kist liggen dan er een toespraak te houden. Ik snap dat nooit. Ik vind presenteren heerlijk. Wat is er nou mooier dan uren klikken met je PowerPoint terwijl collega's met verliefde blikken knuffels naar je gooien. Ik heb zelfs ooit lingerie naar mijn hoofd gehad tijdens een presentatie. Vraag me niet hoe ik het doe – of wacht, dat kan hier wel even.

Mijn eerste tip: vergeet al die tips in concurrerende media in de categorie 'de vier dingen die je niet moet doen tijdens een presentatie'. Ze zijn onzin. Ze gaan namelijk allemaal uit van het idee dat je publiek een fijne tijd moet hebben, terwijl ik zou zeggen: zorg dat je zélf een leuke presentatie hebt en zorg voor lekkere broodjes. Vanaf dat moment gaat alles vanzelf.

Mijn tweede tip: we noemen het geen presentatie meer. Want van het woord 'presentatie' krijgen mensen vaak al rode vlekken in de nek (die ze dan vervolgens weer op zijn Steve Jobs moeten afdekken met een coltrui). En daar wordt natuurlijk niemand beter van.

Sterker nog: dat is mijn derde tip: geen coltrui. Steve Jobs was echt de enige uitzondering. Alle andere mensen die ik heb zien presenteren in een coltrui moesten al na een paar minuten als een piepende fluitketel worden weggedragen. Presenteren zorgt namelijk voor oververhitting en die kan in een coltrui nergens heen. Zorg daarom voor luchtige kleding. Presenteer desnoods topless. Dan heb je sowieso meteen goed de aandacht te pakken. Een coltrui is overigens ook in alle andere kantoorsituaties niet toegestaan.

Dan tip vier: als je iets niet weet, doe dan altijd of je het niet mág zeggen. Dat staat superbelangrijk. Kom je er écht niet onderuit, praat dan de tijd vol, zodat er geen tijd meer is voor het antwoord. Wat ook kan: een knipoog dat je het niet weet. En daarna zeg je: 'Ik ga eerst even het tweede deel van je vraag beantwoorden en dan hoop ik ondertussen dat je het eerste deel vergeten bent.' Zo ben je niet alleen mysterieus, vlot en belangrijk, maar grappig bovendien.

Verder liever geen humor in je presentatie, maar als het

niet anders kan, schrijf grappen dan toe aan grote denkers en zeg steeds: 'Ik vond hem zelf ook niet leuk, maar wie gaat dat Plato/Aristoteles/Rob Wijnberg vertellen?' Neem ook altijd een paar mensen mee die je verhaal kunnen beamen en zet die verspreid door de zaal aan het jaknikken.

Dan je laptop. Zet je meldingen uit zodat niet ineens 'vergeet je de hamlappen niet mee te nemen' op je scherm opduikt of 'wat ben je toch een lekker geil sletje'. Zet verder wat hippe programmapictogrammen op je bureaublad, ook al gebruik je die helemaal niet. Zorg voor grafieken met kleurtjes en kekke pijlen die vanuit een diepe afgrond linksonder naar een gouden toekomst rechtsboven gaan. Begin je presentatie altijd met de test: 'HALLLLLOOOOOOOOHOHOOOOOO.'

Zit losjes op de leuning van een stoel en gebruik voortdurend voornamen van collega's met wie je allemaal 'gebabbeld' hebt. Noem vooral dingen die ánderen binnen het bedrijf fout doen. Praat daar heel sportief over. Tot slot: gulp dicht, rok uit je panty en let op stukjes ei in baard of snor.

Maar het allerbelangrijkst: begín nooit met je presentatie, maar zeg steeds: 'Voordat ik begin...' Dan denken mensen dat het nog niet begonnen is en zijn ze des te gelukkiger als het allemaal weer voorbij is.

Want dat is natuurlijk het mooist van elke presentatie: het moment dat die is afgelopen.

DIT ZIJN DE ZES DINGEN DIE JE NIET MOET DOEN TIJDENS JE PRESENTATIE:

1. Een halfuur naar het juiste stekkertje zoeken.
2. Zeg nooit: 'goede vraag'. Die afleidingsmanoeuvre kennen we nu wel.
3. Presenteren met stukjes eigeel in je baard of snor.
4. Je hele verhaal op de PowerPoint zetten.
5. Verbaasd naar je eigen scherm staren.
6. Geëmotioneerd raken van je eigen verhaal.

7. ACCENTEN EN DIALECTEN

Je hoort wel eens zeggen dat 'de enige goede Limburger een dode Limburger is' en dat Twentenaren dommer zijn dan Zeeuwen. Zo'n stukje wordt dit natuurlijk niet, hou op zeg, maar ik denk dat we helaas niet kunnen ontkennen dat het wel degelijk uitmaakt wat voor accent je hebt op kantoor.

Het ligt er natuurlijk een beetje aan waar je kantoor staat, maar in grote lijnen zou je kunnen zeggen dat je met een Arnhems accent op achterstand staat, en hoewel een Brabants accent niets zegt over intelligentie – althans, dat hoeft niet – staan Brabo's tóch vet onder aan de voedselketen in de kantoorjungle.

Dat heeft natuurlijk alles met rolmodellen te maken. Ik denk dat Camiel Eurlings de Limburgse zaak weinig goed heeft gedaan, en afgezien van Roy Donders en de

Maaskantjes zie je nu eenmaal weinig Brabanders met een accent in het openbaar een belangrijke prestatie leveren. Friezen zijn daarentegen altijd succesnummers – Doutzen is nog maar het topje van de ijsberg – en Johan Cruijff heeft voor het Amsterdams gedaan wat John de Wolf deed voor het Rotterdams.

Zelf vind ik accenten, dialecten en talen altijd enorm afleiden op kantoor. Zodra een Brabander van wal steekt over de weekplanning, zie ik het Sprookjesbos voor me opdoemen, van Limburgs krijg ik altijd enorme zin in bier en tegen de tijd dat ik erachter ben dat iemand een Zeeuw is, heb ik zijn hele verhaal over de nieuwe digitale strategie alweer gemist.

Maar het ergst zijn natuurlijk de mensen zonder accent, en jij maar piekeren waar ze vandaan komen. Uiteindelijk is het dan vaak Lelystad of Almere en krijg je weer dat hele verhaal dat ze niet echt wortels hebben en hoezeer ze dat missen. Ook irritant: collega's uit een onbegrijpelijke regio die met elkaar zitten te smoezen, zodat jij de hele tijd moet meegoogelen wat ze zeggen. Wat je nooit moet doen: meepraten met een accent dat je niet kent. Voor je het weet zit je er een paar cruciale neus- of keelklanken naast en heb je een enorm probleem met de begroting.

Ik zou daarom liever zien dat we talen en accenten gaan gebruiken in daartoe geëigende situaties. Dus: Twents als het onschadelijk moet klinken, Limburgs voor vrijblijvend, Gronings als er écht iets moet gebeuren, Fries als alleen de relevante mensen mogen weten wat het betekent en Haags om te schelden.

Wat ook kan, is het toekennen van handicaps, zoals in de golfsport. Hoe bevoorrechter qua taal, hoe hoger je handicap. In dat model krijgt iemand met een Gooische r minder salaris, krijgen Vlamingen tien vrije dagen per jaar extra en krijgt een Brabander een loonsverhoging als hij iets verstaanbaars zegt. Iemand uit Haarlem kan die indeling maken.

Tot slot wil ik taalzones. Met bolussen, fierljeppen en koffietafels. Waar je collega's kunt uitlachen als ze *houdoe* zeggen. Ik stel voor dat de Friezen en Limburgers daar dagelijks met *ús mem*, dan wel *os moe* telefoneren zodat iedereen even aan vakantie kan denken. Ik denk dat we het dan onder controle hebben.

Dat taal als een rivier door de kantoorjungle moge stromen.

15 FEROMONEN EN HORMONEN OP KANTOOR

Kantoor is een broedplaats van lust en liefde, en terecht: er zijn vaak heel veel aantrekkelijke collega's om je heen. Hoe ga je daarmee om? Is het verstandig om seks te hebben met een collega, kun je beter single blijven of is het handiger om een partner te hebben op kantoor, wanneer kun je het beste zwanger worden en deel je nou wel of geen intieme details op kantoor: hier vind je de beste tips.

Korte samenvatting: denk veel aan Mart Smeets en alles komt vanzelf goed.

1. SEKS OP KANTOOR

Je kunt er natuurlijk op wachten tot het ervan komt: geflikflooi en gesodemieter in de kantoortuin. Al die mannen en vrouwen bij elkaar gepropt, in de bloei van hun leven, op centimeters van elkaar. Met allemaal al jaren een relatie thuis waar de fut uit is. En hier snapt iedereen je wél, in tegenstelling tot thuis. En dan ook nog eens al die zeeën van tijd om van alles uit te proberen. Alcohol op borrels, inloopkasten, overwerken, lege parkeerdecks na sluitingstijd, fietsenkelders. Daar komen ongelukken van.

Ik zie dan ook voortdurend collega's om me heen die elkaar zitten op te winden, maar dat eigenlijk niet mogen. Dat ze niet meer met elkaar in de lift kunnen, want dan krijgen ze geen lucht. Dat ze niet meer met elkaar kunnen overleggen, want dan horen ze niks. Dat ze elkaar niet meer kunnen aankijken, want dan zien ze alles. En dat als ze elkaars naam zien in de inbox, hun hart overslaat. Dus mailen kan ook niet meer. Niet gek dus dat mensen me vragen: wel of geen seks met collega's?

Ik ben er helder over: begin er niet aan. Flirten, gedraai en gedoe is natuurlijk prima, maar stop ermee zodra er lichaamssappen in het spel dreigen te komen. Een verhouding met een collega? Kansloos. Mijn belangrijkste advies: ontkennen, wegkijken en als de krachten per ongeluk toch een keer zijn losgekomen, nooit, ik herhaal nóóit meer op terugkomen. Negeren. Focus. Bidden om kracht. Stop met dagdromen.

Wat voor mij goed werkt als de lust me te veel wordt, is even klikken naar de site van *De Correspondent*. Of denken aan gefrituurde vetrollen, levende konijnen die je met je blote handen opeet of Mart Smeets naakt. Verder vind ik het goed werken om doorgekookte spruitjes te visualiseren, een TED-talk van iemand met een zwarte coltrui onder zijn jasje, alles met Andries Knevel en exploderende potvissen.

Wat ook kan, is het object van affectie in je gedachten in een aseksuele thuissituatie plaatsen. Hem klagend over niet lang genoeg doorgesudderde hachee bijvoorbeeld, of in discussie met de collectant van Unicef of het geld wel goed wordt besteed.

En als dát allemaal niet lukt, en het komt er tóch van, dan zijn dít de opties. OF het is echte liefde, hij gaat weg bij zijn vrouw, jullie gaan samen in een veel te klein appartementje wonen, werken dag in dag uit op elkaars lip en worden overspannen van het keihard jullie best doen om de relatie spannend te houden waar alle collega's de hele tijd bovenop zitten. OF je negeert hem de *day after*, hij gloeit nog wat na in zijn gemis, maar komt al snel weer een nieuw moppie tegen en jij bedrinkt je die avond en gaat vervolgens door met je leven, maar je vergeet hem nooit en hij gaat nooit weg bij zijn vrouw. In beide gevallen moet je een andere baan.

Ik zou zeggen: kies zelf even.

2. SINGLES OP KANTOOR

Jongens, iedereen weet dit natuurlijk allang, maar singles zijn gewoon leuker dan getrouwde mensen. En dan bedoel ik natuurlijk niet de singles die gedesillusioneerd uit hun eerste, tweede of derde relatie gerold zijn, maar de frisse, jonge, fruitige singles die hun ware liefde nog niet hebben ontmoet, maar er nog alle hoop op hebben dat dit ooit gaat gebeuren.

Zo is het ook op kantoor. Uit allerlei betrouwbare en onafhankelijke onderzoeken in miljoenen kantoorjungles overal ter wereld blijkt dat singles leuker zijn dan collega's met een partner, dat ze creatiever zijn, meer geneigd tot samenwerken, flexibeler zijn en oplossingsgerichter.

Verder hebben ze in tegenstelling tot mensen met een partner vaak nog fiducie in de democratie en hebben ze leukere kleren en betere kapsels. Waar zouden we zijn zonder singles op kantoor?

Net als hele families van ingedutte stellen vegeteren op de avonturen van dat ene vrijgezelle nichtje dat nog wel eens een borrel buitenshuis drinkt, léven de getrouwde collega's van de singles op kantoor. Singles geven je het gevoel dat er in elk geval nog érgens gedanst wordt op een vulkaan, nog érgens wordt bemind en nog érgens brokken emotie worden weggehakt uit een universum van een grootsch en meeslepend leven.

Vooral op maandag is de single een lichtje in de kantoorjungle. De collega's met een partner hebben in het weekend het doucheputje schoongemaakt, de plinten in de lak gezet, bij de *all you can eat*-wok gegeten of in een overdekt speelparadijs op hun iPhone zitten tikken. Wat heerlijk is het dan een single op kantoor te treffen die George Clooney heeft ontmoet tijdens een afterparty of die net terug is van twee maanden surfen in Kiribati.

Ik vind het ook heerlijk om even met hen mee te kijken op Tinder, waar ik mezelf met goed fatsoen natuurlijk niet kan vertonen. Tegelijkertijd is het ook heerlijk om te denken dat ik niks meer hoef, dat ik lekker kan wegzakken in de vergetelheid. Een beetje zoals Pinkpop kijken in je joggingbroek op de bank terwijl het publiek op het scherm in een hoosbui terechtkomt.

Maar bovenal zijn singles natuurlijk gewoon keihard nodig voor de onmogelijke uren op kantoor: de nachtdiensten, de diensten ver vóórdat de kinderen naar school moeten worden gebracht. Terwijl de collega's met partners aan hun relatie werken – lees: op de bank naast elkaar zitten te zwijgen – of op vakantie zijn in het hoogseizoen, houdt de single de boel draaiende en maakt er een feestje van.

Ik stel daarom voor dat we een apart singlebeleid gaan voeren op kantoor. Er moet in elk geval een quotum komen voor singles in de kantoorjungle, ik zeg minimaal dertig procent. Ik vind dat ze ook meer salaris moeten krijgen en dat er elke ochtend standaard een glas champagne voor hen klaar moet staan. Verder wil ik meer zekerheid dat ze niet ineens een partner krijgen. Anders krijg je dat gelazer weer, dat ze ongelukkig worden en saai. Ik heb ook liever niet dat ze met elkaar gaan flirten.

Ik vind dat we daarom de burgerlijke staat tot een vast element tijdens sollicitatie- en functioneringsgesprekken moeten maken, compleet met verwachtingen, harde garanties, groeipaden en targets – mensen met bindingsangst krijgen sowieso een vast contract. Leuke, getrouwde mensen die weer single willen worden, krijgen een bonus.

Het zal toch potdomme eens tijd worden dat de single de status én de bescherming krijgt op de werkvloer die hij verdient.

3. ZWANGER OP KANTOOR

Als er iéts nooit uitkomt in de kantoorjungle, dan is het wel zwanger worden. Zit je net in een superdynamische kantoorfase, moet je er weer vier maanden uit. En al die ochtenden ervóór natuurlijk – kotsgewijs. Vrouwen worden ook altijd met cohorten tegelijk zwanger, zodat van tijd tot tijd hele afdelingen platliggen die weer door flexwerkers uit het slop moeten worden getrokken – hele zzp-collectieven draaien erop.

Ik kom erop omdat ik vaak de vraag krijg: in welke fase van mijn carrière kan ik het best zwanger worden? Lieve mensen: 'nooit' is het antwoord. Word nooit zwanger op kantoor, je hebt er alleen maar ellende van. Een zwangerschap transformeert de opwindendste collega's tot uitgebluste emotionele wrakken aan wie je de eerste tien jaar helemaal niks meer hebt. En dan heb ik het heus niet alleen over de vaders. Liepen ze voor de geboorte nog te shinen als blozende bloemen, na de bevalling komen ze terug als hologige schimmen met foto's op hun telefoon van bloedende babyhoofden met van die bungelende paarse navelstrengen.

En dan al die verhalen. Met vrouwen red ik het nog wel, lekker kletsen over hun bevalling, hun babyfoon en tepelkloofjes. Maar met jonge vaders blijf ik het lastig vinden, zeker als ze daarvoor nog flirterig waren. Hadden we het vroeger over hun top-10 van tongzoenen, hebben ze het nu ineens over nachtvoedingen en hydrofiele doeken. Toch even wennen.

Maar voor de zwangere is het natuurlijk ook geen pretje, zo'n zwangerschap op kantoor. Word je voor de bevalling nog gesteund door mannen die kopjes thee voor je halen, je schouders masseren en naar je borsten kijken, na de bevalling laten ze je vallen als een baksteen – de vrouwen zonder kinderen behandelen je net als de mannen.

Moeders zijn wél weer geweldig. Die hebben raad en daad en een luisterend oor. Maar die vertellen je dat je je altijd zorgen zult blijven maken, ook al is het kind tien, achttien of veertig. Word je weer ongerust van.

Maar het ergst is het natuurlijk voor de baas, zo'n zwangerschap. Die krijgt er een halve medewerker voor terug. Lastig met roosteren, want ouders moeten naar rapportbesprekingen, consultatiebureaus, vakantieparken, ziekenhuizen en luizenkammen. Lastig met overwerken. Lastig met borrels. Lastig.

En dan hebben we het nog niet eens over de kolfkamer gehad. Daar moet de dartroom voor worden ontruimd: de jongens van de ICT weer kwaad. En dan loop je daar als kolvende moeder met een rood hoofd en die borstpomp. Ik stel voor dat we kolfkamers van glas maken, zodat iedereen kan zien hoe zo'n pomp werkt. Kijken of er dan nog gelachen wordt.

Dan dus maar niet meer zwanger worden in de kantoorjungle? Dat ook weer niet natuurlijk. Want een kind is goud voor je persoonlijkheid. Ik zeg niet dat mensen met kinderen beter zijn dan mensen zonder. Ik zeg dat een kind je een betere versie van jezelf maakt. Ineens draait de wereld niet alleen meer om jou, ineens heb je geduld geleerd, slapeloosheid en nederigheid. Ineens voel je je verbonden met het hele universum tot de hel en weer terug.

Doe mij de ouders op kantoor, *any time*.

4. INTIEME DETAILS OP KANTOOR

Wat me opvalt op kantoor, is dat collega's weinig scheutig zijn met het delen van intieme details. Ik vind dat heel jammer. Ja, de verkeerde details, díé delen ze. Over dat kinderfietsje van 23 inch of WHATEVER dat ze op Marktplaats hebben gezien, hoe lang ze zaterdag in de rij stonden bij de Gamma, dat hun hond altijd zulke rare ontlasting heeft.

Maar de details die ertoe doen – of ze zélf wel eens rare ontlasting hebben, wat er door hen heen ging toen ze hun vrouw voor het eerst zagen en of ze wel eens naakt Twister spelen – daar hoor je ze dus niet over. Terwijl dat nu juist de dingen zijn die het leven van belang maken – en die inspiratie, glans, sjeu, troost en verlichting geven op kantoor.

Kantoor is ook heel geschikt om dit soort details te delen. Nergens kun je zo onnadrukkelijk in korte tijd de interessantste informatie ophalen. Je schoffelt vrijblijvend langs, tikt kort aan met een bakkie thee, steekt eens wat in, vraagt wat door, en hup weer verder.

En al die tijd die je er ook voor hebt, op kantoor: uren. Bij de printer, tijdens een vergadering via de WhatsApp of op de mail 's avonds in bed met een 'hier komen we morgen bij de koffie op terug'. *Un vrai mer à boire.*

En dan is het ook nog eens heel nuttig om intieme details met je collega's te delen. Hoe zien ze eruit in zwembroek, wie heeft de meeste pandapunten – wist ik ook niet, maar dat is hoe lang je al geen seks hebt gehad – wie ligt er thuis altijd het eerst in bed, schimmels, nachtelijk zweten: ik vind dat informatie die op een bepalend moment tijdens de offertebesprekingen of op bedrijfsborrels van belang kan zijn.

Daarbij komt dat je met je collega's op de meest uiteenlopende terreinen moet kunnen lezen, schrijven en knallen. Je moet elkaar blind kunnen vertrouwen, elkaars zwakke en sterke punten kennen, feilloos weten wie je opvangt, wie je dekt, wie je redt.

Dan is het cruciaal om te weten of iemand gisteren zijn teennagels heeft geknipt, wanneer de eisprong er weer zit aan te komen en of ze de bodylotion 's ochtends of 's avonds doen. Ik wilde hier ook nog ergens 'champignonpuist' schrijven, maar ik wist niet goed hoe die in te passen, dus dat laat ik even zitten.

Hoe dan ook: hoe meer intieme details hoe beter. Ik stel daarom voor dat we een knipselkrant maken op kantoor, met de laatste details over relaties en persoonlijke hygiëne waardoor je een compleet beeld krijgt. Het liefst met links naar afbeeldingen zodat er niets aan de verbeelding wordt overgelaten.

Opscheppen over bedprestaties is natuurlijk ook een must, mits gefundeerd en met bewijs, dat lijkt me helder. Mensen die altijd hun vingers in hun oren stoppen en heel hard gaan zingen zodra er intieme details worden gedeeld, moeten voor straf een PowerPoint geven over hun exen.

Eigenlijk zou je, net als leerkrachten op de basisschool, bij iedereen thuis moeten komen om rustig rond te kijken. Organiseer anders tienminutengesprekken, zodat je af en toe kunt doorvragen. Daarna begrijp je je collega's. Schaamteloosheid maakt vrij.

Terughoudendheid is de pest op kantoor.

INRICHTING, PLANTEN EN MEUBILAIR

Mensen met lege bureaus zijn altijd een beetje eng, maar een teringzooi op je bureau werkt ook niet altijd. Daarom in dit hoofdstuk aandacht voor de vraag: wat werkt er nou beter: een opgeruimd of een slordig bureau, wel of geen planten en wel of geen kunst aan de muur op kantoor? Ook een woord speciaal voor de mensen die zich zorgen maken of er over vierduizend jaar nog wel kantoren zullen zijn: ja, dat zullen ze.

Korte samenvatting: kantoor is onverwoestbaar, wat je er ook in of omheen zet – net als wij.

1. EEN OPGERUIMD OF EEN SLORDIG BUREAU?

De wetenschap is er nog niet uit wat het best werkt: een opgeruimd, schoon bureau of een bureau met bananenschillen, beschimmelde mokken, oranje plastic nijlpaarden, prikborden, knuffels, foto's, verjaardagskalenders, kauwgomresten, oude theezakjes, bami tussen het toetsenbord, een volvette telefoonhoorn, stukjes snot op de schermen, muizenkeutels bij de printer en stapels stoffige ongelezen bureauliteratuur.

Er zijn onderzoekers die zeggen dat je achter een opgeruimd bureau minder wordt afgeleid en sneller tot de kern komt. De andere school zegt dat je van een rommelig bureau juist minder gestrest raakt, meer *out of the box* gaat denken en creatiever wordt.

Jongens, WAT IS HET NOU?? Kom op zeg. Hak een fakkin knoop door. Heel kantoorwerkend Nederland wacht erop. Tot die tijd doet iedereen maar wat en dan zul je net zien dat je het verkeerde hebt gekozen. Vandaar dat ik er zelf even op ben gedoken.

Allereerst denk ik dat een té schoon bureau niet goed is. Van te vaak douchen krijg je ook uitslag. In een vacuüm kan bovendien niets groeien. Ja, alles valt er met dezelfde snelheid. Maar wat heb je eraan op kantoor als alles met dezelfde snelheid valt?

Vochtig en warm is al veel beter. Daar woekert het, schieten scheuten op en trekt iedereen zijn jasje uit. Groei, inderdaad. Dat is toch wat je wilt in de kantoorjungle. Een beetje rommel op je bureau lijkt me dus de bedoeling. Denk ANWB-pasjes, keelpastilles, volgesnoten zakdoekjes, Tupperware-bakjes met onduidelijke inhoud, koffiebekertjes, een stukje meniscus op sterk water en een antiek kunstgebit.

Mensen met lege bureaus vind ik altijd een beetje eng. Ze zijn ook vaak frigide en eten glutenvrij. Mensen met rommelige bureaus zijn gewoon leuker, we kunnen het er lang of kort over hebben. Bovendien: weet je hoe lang het duurt om een bureau steeds maar te moeten opruimen? Dan kom je aan werken niet meer toe.

Ik denk bij schone bureaus ook altijd: waar stopt het? Straks mag je ook niet meer met consumptie spreken of even op de wc je mail bijwerken. Doe even normaal. Viezigheid is weerstand en welke vlieger is er omhooggekomen zonder? Tegelijkertijd werkt té vies natuurlijk ook weer niet. Een beetje wind is prima, maar een shitstorm wil niemand.

Daarom is mijn advies: we doen net als op school. We studeren, lunchen, debatteren, brainstormen, vergaderen en gymmen in vieze, oubollige lerarenkamers, en als er écht iets af moet, gaan we naar de tentamenzaal met rijen lege, schone bureautjes. Het enige dat je daar mee naar binnen mag nemen is een calculator, een blikje Red Bull en je knuffel – je telefoon moet je inleveren en er moet een meneer mee als je naar de wc moet.

Na afloop kunnen we dan samen op het plein resultaten vergelijken en stressen dat je een drie verwacht terwijl je uiteindelijk een negen hebt en al je collega's je haten.

Ik denk dat we er dan wel uit zijn, lieve wetenschappers.

2. DE KANSLOZE KANTOORPLANT

Thuis flikker ik planten altijd linea recta het raam uit, maar op kantoor heb ik een enorm zwak voor flora. Wat is er mooier dan een kansloze kantoorplant die, tegen beter weten in, zijn stinkende best staat te doen om jou een mooie dag te bezorgen maar daar nooit in slaagt – alle weltschmerz samengebald in één verlept kantoormoment.

Ik kan het dan ook niet zo goed hebben als ik mensen hoor schamperen over planten op kantoor. Of we die ruimte niet beter kunnen gebruiken. En dat we voor dat geld een hoop leuke dingen zouden kunnen doen op de zaak. Tegen die mensen zou ik willen zeggen: we zouden voor jullie geld ook een hoop leuke dingen kunnen doen, stelletje zure graftakken.

Want kantoorplanten: ik zie alleen maar voordelen. Je kunt er je koude koffie in kwijt en af en toe een braakje na een zware bedrijfsborrel als je het écht niet redt naar het toilet. Maar planten zijn ook prima gezelschap als je alleen bent op kantoor en je vaste verkering het net heeft uitgemaakt.

Je kunt ook mooi relativeren met planten. Dan kom je uit een totaal overbodige brainstorm die ook een e-mail had kunnen zijn en dan strijk je met je wang even langs zo'n blad en voel je het leven resoneren. Echt tof vind ik die planten die op onverklaarbare wijze ooit op een archiefkast zijn terechtgekomen, een koffiebeker met afgebroken oor ernaast om water mee te geven. Je reinste survival of the fittest.

Planten nodigen ook uit, van lentegefladder tot therapeutische monologen. En je komt ook gewoon superdynamisch over naast een plant. Het is niet voor niets dat snackbars de kroketten altijd presenteren met een groen strookje plastic ertussen: dan krijg je er meteen zin in.

Verder verhullen planten vieze collega's, bad-hairdays en de vlekken als je de toner weer eens uit je tengels hebt laten flikkeren – ik zet altijd planten op de vlekken die ik gemaakt heb. Je kunt je er ook achter verstoppen bij het afluisteren van cruciale kantoormomenten. Als een groepje belangrijke mensen langskomt, kom je erachter vandaan, voeg je naadloos in en doe je weer mee. Lijken verstop je niet in de kast, die leg je tussen de planten.

Ik wil dus meer planten op kantoor. En dan geen planten van die leveranciers die ze op websites aanprijzen als 'clean machines' en net zo praten als het middenmanage-

Kantoorplanten op je werk

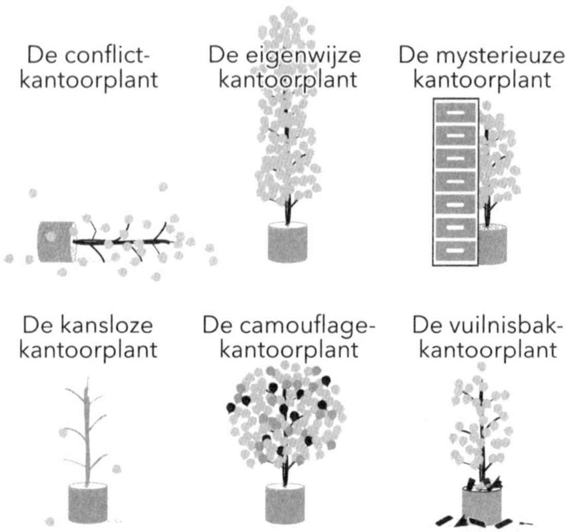

ment met hun 'afscheidende groepsbeplanting' of 'solitaire plantenmeubels'. Er zijn zelfs leaseplanten. Rot eens op, wegwezen met je hydrocultuur. We maken zélf wel uit hoe vaak we onze planten willen verzuipen.

We nemen dus lekker zélf onze planten mee naar kantoor. Ieder zijn eigen plant en dan gezellig tips uitwisselen. En dat je erop wordt afgerekend hoe zo'n plant het doet. Hooguit nemen we er zo'n man bij met een groene jas die al zesentwintig jaar de planten van alle bedrijven in de buurt doet en die een knalfuif krijgt als hij met pensioen gaat.

Verder wil ik de citroenplant terug (waar is die in godsnaam gebleven?), de vingerplant – uiteraard – en een klaterende waterpartij, en ook af en toe de sprinklers aan voor zo'n mooie warme meiregen. Ik wil in het kader van de voedselketen ook wel eens een paar vleesetende planten in actie zien.

Mensen die bloemen krijgen op kantoor, moeten ze daar laten. Niks mee naar huis: vazen op tafel en iedereen een corsage op. Bij vijfentwintig dienstjaren wil ik een corso op de parkeerplaats met bloemenmeisjes en grote poppen van bloemen in een thema op een kar.

If you can't stand the plant, stay out of the jungle.

3. WEL OF GEEN KUNST AAN DE MUUR

Thema's, kleuren, inspiratie, verrijking, verbinding – ik ken bedrijven die er heel professioneel mee bezig zijn, met kantoorkunst. Dan hebben ze een zzp'er ingehuurd – een 'moodcoach' of 'motivational trainer' – die zijn thermometer ferm in de kunstwereld heeft zitten en precies de juiste kunst uitzoekt bij de fase waarin het bedrijf op dat moment verkeert.

Rode doeken voor de kwartalen dat het slecht gaat, felrealistische koeien als er niks meer wordt verwacht, grote beelden in de tuin als er ruimte is en wilde naakten vlak voor de ondergang van het bedrijf.

Wat ook veel gebeurt, is dat Manfred van de administratie reproducties haalt bij IKEA of bij de kunstuitleen iets huurt wat hij niet begrijpt.

Lieve mensen, ik zeg het maar meteen: kunst op kantoor is onzin. Er is nog nooit iemand harder gaan werken van een doek aan de muur. Sterker nog, mensen gaan van kunst harder nadenken en daardoor slechter presteren. Veel bedrijven maken namelijk de denkfout dat kunst een oplossing is. Dat is het niet. Kunst is het begin van een probleem. Het staat niet voor niets achter slot en grendel in een museum met een kaartverkoper bij de ingang of wild en vogelvrij op straat, voor iedereen te misbruiken.

Kunst hoort niet bij de jassen in de hal en het broodje kaas in de kantine. Kunst verwart en segregeert. Dat je zin krijgt om de hele afdeling ritueel te slachten als je naar dat donkergrijze vlak in de vergaderzaal kijkt omdat je dodelijk optimistische collega er juist een veld viooltjes in ziet. Ik denk niet we dat moeten willen op kantoor.

Op kantoor is kunst bovendien een belediging. Alsof niet álles wat op kantoor gebeurt, kunst is. Dat stilleven van die bruine appel met de beschimmelde boterham en het uitgedroogde zakje earl grey. De Fellini-achtige vergadering, de mondriaanse PowerPoint, het kafkaëske personeelsbeleid, de pornokijkende portier, de vaas waar de afdeling sales tijdens een woeste vrijmibo bier uit drinkt (in het gunstigste geval), de pindakaasvloer in de kantine.

Hebben we bovendien niks beters om aan de muur te hangen dan kunst? Collega's, zuurstokken, bloedspatten? Een beetje Kim Jong-il onder de bazen laat natuurlijk foto's van zichzelf in het hele pand ophangen. Of beter nog: foto's van zijn grootste mislukkingen en slechtste kapsels.

Je mag ook nooit eens zélf iets ophangen of maken, zo'n

beetje de raison d'être van de kunst. Zodra je ook maar iets op de muur plakt, krijg je de facilitaire dienst al op je dak. Guerrillakunst op het toilet wordt altijd binnen een halfuur weggehaald.

Ik zou dus zeggen: zolang het personeel zelf geen kunst mag maken, stoppen we met die hele kantoorkunst. In plaats daarvan gaan we naar maagdelijk witte muren staren en meer om ons heen kijken.

En in de spiegel.

4. HOE ZIET KANTOOR ER OVER TWEEDUIZEND JAAR UIT?

Er zijn aanwijzingen dat er al in de oertijd zinloos vergaderd werd. Zo zijn er in kalksteengrotten in de buurt van het Franse Cassis miljoenen jaren oude flip-overs, zwarte stiften en fossielen van door verveling versteende mensen gevonden.

Maar iedereen weet ook dat de hunebedden het gevolg waren van een iets te enthousiast opgezette heisessie, dat Socrates de eerste lul van sales was, dat Jezus al een slipperrichtlijn had met zijn discipelen, dat er in de Middeleeuwen al heel veel ruzie was over het parkeren van ezels en ossen en dat mensen al in de Verlichting uit de doos gingen denken. En dan zitten we nog maar in de zeventiende eeuw.

Ik zeg het maar even ter geruststelling tegen al die mensen die me steeds vragen hoe het verdergaat met de kantoorjungle. En of er over dertig, veertig, zeg tweeduizend jaar nog kantoren bestaan. Jongens, doe eens rustig. Natuurlijk zijn er dan nog kantoren. Zolang er mensen zijn, zullen er kantoren zijn. En sinds de oertijd zijn het er alleen maar meer geworden, dus *no worries*. 'Kantoren zijn als kakkerlakken,' zei een groot denker ooit. Als na een aanval van aliens de eerste mensen weer boven de grond komen, zul je zien dat ze als eerste naar een koffieautomaat lopen om er even over na te kletsen.

Of er ook nog banen zijn over tweeduizend jaar? Dat denk ik dan weer niet. Ik denk dat robots dan alles hebben overgenomen. We gaan nog wel naar kantoor en doen gewoon het werk dat we nu ook doen, maar we krijgen er geen geld meer voor, geven alles gratis weg en verdienen ons geld op onbekende manieren buiten kantoor, zoals nu al duizenden zzp'ers doen. In 4037 werken nog maar acht mensen in een vast dienstverband. Ze hebben achtentwintig vakantiedagen per jaar en worden door werkgevers labbekakken genoemd.

Pas als we de ruimte in gaan, komt er weer geld. Ik weet nog niet precies op welke planeten we kantoor gaan houden, maar we zitten in elk geval in ruimteschepen ernaartoe en iedereen mag even op de brug staan om naar de knipperende lichtjes te kijken en net te doen of hij belangrijk is.

We varen (eindelijk!) weer met scheurbuik naar de Oost, komen terug met nieuwe spullen en ideeën, en luiden de ene na de andere gouden eeuw in. Vanaf dat moment zweven we door de gangen en doen we alles onbelast. Omdat het geld weer over de plinten klotst, kunnen we ons weer storten op de schilderkunst, de literatuur en geven we andersdenkenden weer een plek. Een afwijkende mening wordt met gejuich ontvangen.

Bijkomend voordeel van de toekomst is dat het eten van bossen wortels al in 2023 wordt verboden en de vouwfiets is uitgestorven na de inslag van een meteoriet die ook alle broodtrommels en boterhammen met kaas wegvaagde. De flexplek? Welke flexplek? Ieder krijgt zijn eigen voetbalveld en zweefscooter en we zien elkaar aan de andere kant van de aarde voor de vrijmibo.

Kantoren zijn niet uit te roeien en als íémand de toekomst zonnig inziet, ben ik het. Want kantoren mogen dan kakkerlakken zijn, dat zijn wij ook. En kantoor is nog sterker dan wij.

ZIEK IN DE KANTOORJUNGLE

Heb jij ook vaak stress? Erger jij je ook zo aan ochtendmensen op kantoor? Hoe ga je om met de dwangneuroses van je collega's maar bovenal met je eigen, wat kun je doen tegen RSI, hoe gedraag je je jegens een collega met wie het heel slecht gaat en vind jij niezende collega's tegenover je ook altijd zo vies, maar weet je nooit wanneer je je ZELF ziek moet melden? – het komt allemaal aan bod in dit hoofdstuk.

Korte samenvatting: schijt hebben aan dingen helpt enorm. Mensen die veel schijt hebben, hebben een gelukkiger leven.

1. JE ZIEK MELDEN

Als de zomer weer voorbij is, de eerste pepernoten en condenswolkjes weer buiten verschijnen, als iedereen weer zit te niezen en te hoesten in de trein, DAN weet je: het snotseizoen is weer begonnen. En dan komt ook weer de vraag op: wanneer meld ik me ziek op kantoor?

Allereerst even voor de helderheid: niemand meldt zich ziek omdat hij ziek is. Hoe het niet moet, is je standaard de helft van je vakanties ziek melden omdat je anders zo snel door je dagen heen bent. Maar je louter ziek melden als je ziek bent, is ook weer niet de bedoeling.

Je ziek melden doe je niet voor jezelf, je ziek melden doe je voor je collega's. Ze hebben er behoefte aan. Je ziek melden is een teken van liefde. Ik ken mensen die zich nooit ziek melden. Hou daar eens mee op. Het is toch raar als iemand nooit ziek is, dan is het net alsof je met een robot werkt, met een stuk meubilair, en hoe kun je nou liefde voelen voor een tafelpoot?

De vuistregel is daarom dat iedereen zich in elk geval één keer per jaar ziek meldt. Verkouden vind ik overigens niet ziek. Sorry. Toch meld je je wel ziek als je elke drie minuten uit elkaar spettert in snot en klodders. Gewoon puur om je collega's te ontzien.

Daar staat tegenover dat als je écht ziek bent – denk koorts, botbreuken, tyfus, vinkentering, diarree, kinkhoest en kotsen – je gewoon naar kantoor komt. Het staat niet alleen volhardend, collega's willen ook graag weten hoe het met je is – laat hen bepalen of je ziek genoeg bent om te werken. Je ziek melden moet je verdienen. Tevens is het dan hún schuld dat je thuis moet blijven, dan wel dat je het hele kantoor loopt te besmetten. Mensen die ziek op hun werk zitten, daar is dus iets mee.

Hoe meer strepen je hebt, hoe minder recht op ziekte. Lodewijk Asscher die met Rutte belt om te zeggen dat hij een beetje buikloop heeft? Echt niet. Ziek zijn werkt gezagsondermijnend. Chefs kunnen zich bovendien prima met een smoesje afmelden. Afspraak in Den Bosch, het in de steigers zetten van de *branding* van de *brand*, het grote nieuwe plan voor de interne communicatie – verzin wat en kots in stilte.

Dan het práten over ziek zijn. Er zijn collega's die denken dat ze elk stadium van darmfalen met je moeten delen ('gister had het nog enige structuur met kleine stukjes, nu is het alleen nog maar water, een soort oude thee') uit vrees dat ze niet geloofd worden. Op zich goed, maar ook hier geldt: laat de collega's hun diagnose stellen en bepalen welke vragen aan de orde zijn.

Zelf meld ik me overigens never nooit ziek. Als ik moet kiezen tussen een inspirerende dag in de kantoortuin boordevol uitdagende, onverwachte, spannende gebeurtenissen of de vette lappen in mijn deprimerende woning zonder mijn sprankelende collega's, dan weet ik het wel.

Ik neem nog liever een dag vrij.

2. KANTOORFOBIEËN EN ALLERGIEËN

Kantoor is natuurlijk een beetje een gesticht, 'een dagopvang voor volwassenen', zei een groot denker ooit. Iedereen zit zich er goudgloeiend aan elkaar te ergeren en je kunt er massa's interessante fobieën en allergieën zien ontstaan en in het wild observeren.

De meeste kantoorfobieën gaan over voedsel. Iedereen flipt natuurlijk op de meur van rijstwafels – HOU DAAR EENS MEE OP, MENSEN, MET DIE SMERIGE RIJSTWAFELS! Maar ik heb ook collega's die *batshit crazy* gaan op het geknaag aan appels en bossen wortels, en die ontploffen als ze gekraak van broodjes horen – o wacht, dat ben ik zelf. Nou ja, iedereen heeft daar een hekel aan.

Ik heb een collega die heel eng gaat doen als hij in een straal van tweehonderd meter van zijn bureaustoel een bananenschil ziet of ruikt – respect – en er is er één die allergisch is voor komkommer; bij hem moeten we na de lunch altijd even om de beurt zitten om hem weer rustig te krijgen.

Een andere grote categorie fobieën is de smetvreeshoek. Van die collega's die hun bureau, telefoon, toetsenbord, scherm en stoel om het uur met desinfecterende gel en een tandenborstel afschuren. Mensen die doodsbang zijn voor een warme wc-bril. Collega's die niet zo goed tegen de afgeknipte nagels en snotjes op hun flexplek kunnen. Ik heb ook een collega die niet kan bellen met een telefoon die naar de aftershave ruikt van de collega die er gisteren zat. Daar wordt ze voor behandeld.

En dan heb je nog de gewone kantoorfobieën. De nieuwsbriefallergie. De fobie voor voorzitters. De fobie dat je in de lift moet met die lul van sales. De angst dat je bij de printer komt en dat de toner op is. De fobieën voor vakantiefoto's en dieetwensen. En de pure paniek dat de whiteboardmarker geen whiteboardmarker is, maar een gewone marker.

En dan is er nog de aircofobie. Ik heb een collega die als het warm is elke tien minuten een rondje over de velden maakt om te controleren of alle ramen dicht zijn, WANT ANDERS WERKT DE KLIMAATINSTALLATIE NIET. En – weer iets anders – er is iemand die de hele dag de briefjes van de muur trekt waarop staat of we ONZE ROTZOOI OP HET AANRECHT WILLEN OPRUIMEN! S.V.P.!

Ik hoor vaak mensen klagen dat er niet te werken valt met al die neuroten. Dat het watjes zijn en dat je in de oorlog geen kantoorfobieën had. Sterker nog, toen had je niet eens een kantoor. Ik snap dat nooit. Ik vind allergieën en fobieën heerlijk. Vooral die van mijn collega's. Mensen met neuroses en fobieën houden tenminste hun mond dicht bij het eten, houden hun windjes in tot ze knappen en durven niet hardop naast je te bellen omdat ze bang zijn dat je dan last van ze hebt.

Mensen zónder fobieën, díé zijn pas erg. Die zitten de hele dag te boeren, te winden en te smakken en je uit te maken voor neuroot. Dat zijn trouwens ook vaak van die opgewekte ochtendmensen die al voor de koffie lopen te fluiten. Superirritant.

Ik zou dus zeggen: laten we de collega's koesteren met smetvrees, belvrees en wc-brilallergie. De mensen zonder fobieën, dáár valt niet mee te werken. Met neuroten win je de oorlog.

OCHTENDMENSEN

Van die mensen die 's ochtends al om tien voor zeven op kantoor zijn, vrolijk fluiten, je vriendelijk 'goedemorgen' wensen als je binnenkomt en dan al allemaal ideeën hebben waar je op moet antwoorden: ochtendmensen zijn superirritant – ik heb een ochtendmensenfobie. Ze halen het bloed onder mijn nagels vandaan en je staat machteloos. Ja, 's middags, na halfvijf, dán kun je ze aan, maar dan zijn ze allang naar huis. Er is dus weinig te doen tegen ochtendmensen. Het best kun je ze bij elkaar zetten zodat ze vanaf zeven uur met elkaar aan de slag kunnen. Na de lunch kun je dan een kamerscherm om ze heen zetten, zodat ze rustig samen kunnen snurken. Na een uur of twee heb je meestal geen last meer van ze. Dus het is 's ochtends gewoon even een kwestie van doorbijten.

3. STRESS EN RSI

Het nadeel van de moderne kantoormens is dat hij ook nog een lichaam heeft. Zijn baasje propt het eindeloos vol met stress, vet kantinevoedsel en saai werk, maar op een gegeven moment gaat het mis.

Ik zie mijn collega's in elk geval voortdurend hun lichaam vergeten. Ze lopen zonder bomvest vergaderingen in, sporten veel te weinig, zitten veel te lang achter hun scherm naar irritante collega's te luisteren en rijden als stinkende vuilniswagens door de kantoortuin – iedereen dumpt zijn shit erin.

Het resultaat heette vroeger RSI, Repetitive Strain Injury, tegenwoordig is het gewoon een brandende schouder die je nek, pols en elleboog in lichterlaaie zet. Als je het hebt, wordt je wereld donker, denk je dat je er nooit meer vanaf komt en nooit meer plezier in je leven zult hebben.

Veel mensen vragen me dan ook: hoe krijg ik dat weg?

Lieve mensen, als je het hebt, is het al te laat. Een brandende schouder is als je moeder die zei dat je eerder had moeten beginnen met je werkstuk: je hebt er niks aan, maar moet er nu wel iets aan doen. Je zult eerst naar de fysio moeten. Die kraakt je knopen en maakt je aan het huilen omdat hij vraagt hoe het komt dat je zoveel pijn hebt. Je ging erheen met een vaste schouder en komt ervandaan met een klinische depressie. Dat is de eerste stap.

De tweede stap is erkennen dat je pijn hebt door psychisch te veel dingen in je hoofd. Natuurlijk begint het doordat je te lang en te hard op je toetsenbord hebt zitten stressen met je schouders omhoog, maar vroeger ging dat 's avonds altijd weer weg. Dat het nu niet is weggegaan, komt dus door ándere dingen: je rekeningen die je al maanden niet hebt opengemaakt, je vriendin die je niet begrijpt, je chef die steeds heel gekke dingen wil, de wereld – zeg maar.

Belangrijkste voorwaarde voor een brandende arm: jijzelf snapt nog niet wat er aan de hand is, de verkeerde mensen snappen het wél, en de mensen die er iets aan kunnen doen, namelijk je baas en zijn staf, doen of hun neus bloedt. Behalve dan dus die fysio.

Wat je kunt doen, is dweilen met de kraan open. Dus veel dromen over het winnen van de Staatsloterij, goede loopschoenen kopen, een gratis Spotify-account en naar buiten. Verder kun je op je werkplek hysterische krukstoelen en ergonomische toetsenborden installeren. Niet dat het helpt, maar ze zijn een goede verdedigingswal waarachter je aan de rest van het bedrijf laat zien: tot hier en niet verder.

Het enige dat écht helpt, is een andere baan, een nieuw leven, naar de kapper, totaal begrip van iedereen en geen stress. Wat ook helpt, is een collega die zonder dat daar ook maar enige reden voor is, vertrouwen in je heeft en je een nieuwe functie geeft binnen het bedrijf. Vervolgens krijg je in je eerste week drie complimenten, je groeit van geluk en je hebt nooit meer last van die hele schouder.

Oh ja, en schijt. Schijt hebben aan dingen helpt ook. Mensen die veel schijt hebben, hebben nooit RSI.

4. VERDRIET OP KANTOOR

Waar we goed in zijn op kantoor, is leuteren. Leuteren over je kat, hoe de zon dit weekend op het water scheen, dat de gierzwaluwen laat zijn dit jaar, dat Aristoteles negentig procent van de tijd verkeerd wordt geciteerd en dat je uren in de rij stond bij de Media Markt omdat de kassarol op was.

Leuteren gaat nergens over, maar onderschat nooit de waarde van een kwartiertje zinloos leuteren onder collega's: zwijgen is zilver, maar leuteren is goud. Het is de haarlemmerolie van de kantoorjungle, de heg die het reservaat jouw reservaat maakt, de grenspaaltjes waarbinnen iedereen veilig is op kantoor. Leuteren is elke dag verplicht en iedereen moet eraan meedoen, zij het dat je een bekertje water over iemands hoofd mag gooien als het te lang duurt. Bij ons klotst het water soms dus al om halfelf 's ochtends tegen de plinten.

Waar we minder goed in zijn op kantoor, is ermee omgaan als er iets ergs is. Als er écht slecht nieuws is uit het ziekenhuis, als iemand depressief is, als de dood een collega op de hielen zit, of erger nog: als hij al heeft aangeklopt met zeis en al.

Daar sta je dan en leuteren werkt even niet meer. Want leuteren is uitwisselen, en uitwisselen kan niet met iets ergs. Het best is dan stilte – stilte – en ga die vooral niet volpraten. Het is volkomen normaal om in dit soort gevallen totaal niet te weten wat je moet.

Wat ik wel eens merk, is dat mensen in paniek raken als een collega vertelt dat zijn vrouw dodelijk ziek is en dan iets zeggen in de trant van: 'De dwerghamster van mijn zus had ook een tumor.' Of: 'Heel veel mensen hebben een tumor hoor, ze is heus de enige niet.' Of: 'De zus van mijn buurvrouw had er een zo groot als een sinaasappel! Die is nu overleden!' Wonderlijk wat mensen soms zeggen, maar doe het maar niet.

Wat ook niet werkt, is massaal gaan bellen, appen en Facebooken 'hoe het gaat', 'wat de prognoses zijn' en 'hoe lang' ze nog hebben. Dat is hetzelfde als vragen: 'Wanneer ga je dood?' Niemand wil vertellen hoe ongelooflijk waardeloos het gaat en zeker niet op detailniveau. Veel beter is het om een maaltijdsalade langs te brengen, of een pan soep. Of zeggen dat ze je auto een weekje mogen lenen als ze willen.

Zijn ze weer op kantoor, haal dan glaasjes water en koffie voor ze. Taarten bakken, cakes met glazuur, pizza's voor bij de lunch of petitfours bij de koffie: alles is toegestaan. Bijkomend voordeel van troostvoedsel: je staat even bij elkaar en je kunt het zwijgend (want met volle mond) opeten.

Of stuur een kaart, dat is altijd goed. Desnoods elke dag. Als érgens de vaderlandsche posterijen voor zijn uitgevonden, dan is het voor het bezorgen van een kaartje met een onbeholpen 'wat vreselijk en je hebt er natuurlijk niks aan, maar ik denk aan je'. Alleen al om deze reden zouden de posterijen een lintje moeten krijgen en met alle mogelijke subsidies in de lucht moeten worden gehouden.

Maar wat het best helpt, zijn uiteindelijk natuurlijk weer de gewone dingen op kantoor. De lul van sales die het nu doet met de baas van de IT-afdeling, het nieuwe merk kroketten, het portret van de directeur dat vorige week ineens een Hitlersnorretje had – gewoon de dingen die je ook al mist als je vijf dagen griep hebt. Want zelfs bij iets ergs geldt: begin zo snel als kan weer te leuteren met een extra bekertje water paraat. Kantoor is vaak het enige stabiele dat we hebben.

Kantoor houdt ons op de rails.

18 ALS HET EVEN TEGENZIT OP KANTOOR

Het leven op kantoor is al niet makkelijk, maar soms gaat het ook nog eens slecht met het bedrijf en dan ben je helemaal ver van huis. Hoe ga je om met moeilijke tijden, hoe voorkom je dat je wordt weggesaneerd en hoe doorsta je een reorganisatie: in dit hoofdstuk vind je de beste tips. Maar het gaat hier ook over het belangrijkste op kantoor, namelijk humor. Zonder humor zouden we doodgaan op ons werk. En met humor op kantoor is elke dag een feest. Mensen die beweren dat er meer is dan werk, maken een denkfout. Een mooi kantoorleven is vaak de basis van alle leven. Heb je het leuk op kantoor, dan heb je het leuk in het leven.

Korte samenvatting: hou vol en beloof dat je probeert te blijven lachen. Vooral om jezelf.

1. HOE VOORKOM JE DAT JE WORDT WEGGESANEERD?

Hoewel ik het zelf leuker vind om mínder te doen met méér mensen, zie ik om me heen alleen maar bedrijven die steeds méér met mínder mensen willen doen. Dat zien mijn vrienden ook, bij banken, verzekeringsmaatschappijen, in de zorg en in het onderwijs. Allemaal hebben we karrenvrachten collega's zien vertrekken en draaien we nu in ons eentje de hele toko.

Tegelijkertijd zie je dat bedrijven weliswaar mensen laten afvloeien, maar wel allemaal éxtra werk willen doen. Om *cutting edge on top of things* te blijven, om nieuwe doelgroepen te targeten en om stippen op de horizon dichterbij te halen; maar bovenal om het rendement te halen dat de aandeelhouder graag wil zien.

Wat mij opvalt: alles kan inderdaad met minder mensen, het is verbazend hoe ver je kunt gaan met snijden, reorganiseren en saneren. Ik krijg vaak de vraag hoe je kunt voorkomen dat je daar slachtoffer van wordt. Ik ga daar even kort (want minder mensen, meer doen) op in. Ik denk dat er twee strategieën zijn, of eigenlijk drie.

Het makkelijkst is om gewoon door te werken nadat je bent ontslagen. Je verdient er weliswaar niks mee, maar je blijft toch bezig en je werkgever maar vooral je collega's zullen je zeer dankbaar zijn dat ze nog steeds op je kunnen rekenen.

Een andere, wat proactievere aanpak is alles zelf leren wat er op kantoor gebeurt, zodat iedereen weg kan behalve jij. Uit een soort lijfsbehoud, maar ook uit praktische overwegingen: straks komt het toch allemaal op jou neer en je kunt maar beter goed voorbereid zijn. Dus: nu alvast meelopen met de glazenwassers om te kijken of ze spiritus gebruiken tegen de strepen en nú alvast beginnen met die studie ICT zodat je dan straks alles kunt fixen en automatiseren.

Verder dacht ik aan een controllersopleiding om je eigen salaris te controleren (ook handig voor je belastingaangifte), een hbo-studie 'Toner en papier vervangen' om het printermanagement eronder te krijgen en een cursus zelfverdediging om de klantenservice te kunnen draaien.

Ook zou ik Portugees leren, aangezien Brazilië al zo'n veertig jaar een 'opkomend land' is, dus dat zou er toch eindelijk eens aan moeten komen. Ik denk ook dat een studie arbeidsrecht geen kwaad kan in het kader van de gouden handdrukken. Kun je die een beetje netjes voor je collega's regelen. Voor dit alles geldt overigens dat je éérst de dingen leert van de stomste collega's. Dan kunnen die het eerst weg.

Ik zou als ik jou was ook vrienden worden met mensen die het druk hebben. Als het écht af moet, vraag ik het liever aan een fulltime werkende vader met pakken papier onder zijn arm op weg naar zijn zieke oma dan aan de vlotte jongen van wie iedereen zich afvraagt wat nou precies zijn functie is. Die laatste categorie is sowieso het eerst weg (want jong en dus goedkoper om te ontslaan).

Maar de beste strategie is: altijd op kantoor zijn. Als je er altijd bent en als je alles kunt, word je vanzelf meubilair en meubilair wordt pas vervangen als het bedrijf gaat verhuizen en daar is de komende tijd toch geen geld voor. Ga dus nooit naar huis en houd vooral hoop.

Want uiteindelijk komen er tóch altijd weer mensen bij. Als alles is weggesaneerd, kun je namelijk alleen met ménsen de boel weer opbouwen. Niet met prospectussen, powerpraat en PowerPoints.

In the end is het namelijk best handig om mensen te hebben binnen een bedrijf.

2. HUMOR OP KANTOOR

Als ik mijn thermometer diep genoeg in de kantoorjungles van Nederland heb zitten, en daar ga ik maar even van uit, dan is dít jullie top-3 van ergernissen op kantoor: (1) collega's die de hele dag wortels zitten te knagen (lawaai), (2) vergaderen (als je zelf niks mag zeggen) en (3) kantoorhumor van je collega's.

De eerste twee heb ik al behandeld, dus laten we het nu over nummer drie hebben, want even hoor: het baart me zorgen hoe cynisch jullie over kantoorhumor oordelen. Zó flauw allemaal – vinden jullie het.

De toetsenborden die zijn ingesmeerd met pindakaas. De haringen verstopt in het printerhok. De screenshots van Outlook, geïnstalleerd als bureaublad. De collega die elke dag ziek wordt gemeld, maar dat nooit is. De scheldmails van de baas die grappenmakers van zijn scherm versturen. De dildo's die worden bezorgd voor het mooiste meisje van de zaak. Maar bovenal: de slechte woordgrappen en de oneliners zoals: 'Ik weet niet wat je hebt gedaan, maar er stond hier net iemand van personeelszaken voor je – en ze keek niet blij.' Alsof we in een slechte sitcom zitten, klagen jullie dan.

Jongens, even. Wat een negativiteit weer! Alsof het niet geweldig is om in een sitcom te zitten, wie kan dat nou zeggen? Bovendien vind ik het maar dubbel, al dat geklaag over kantoorhumor: wél keihard lachen om *Toren C*, *Koefnoen*, *The Office*, *Seinfeld* en *Debiteuren Crediteuren*, maar als je er zélf middenin zit is het ineens flauw.

Ik zeg het dan ook maar meteen: ik wil dat kantoorhumor serieus wordt genomen. Het is een bloedernstige zaak. Als je elkaar elke dag tien uur ziet, is kantoorhumor de enige manier om te overleven.

Het alternatief is professionaliteit, lijden en kwijnen. Mensen die hun neus ophalen voor kantoorhumor, zeggen dus eigenlijk tegen hun collega's: zak er maar in en droog maar langzaam uit. Komt nog eens bij dat de gevolgen van kantoorhumor groot zijn. Er zijn hele bedrijven, hele afdelingen, ja, zelfs hele collega's die nauwelijks als iets anders dan een uit de hand gelopen kantoorgrap te verklaren zijn – denk de FIFA, de redactie van *nrc.next* of de gemeente Waddinxveen.

Ik vind kantoorhumor heerlijk. Ja, het niveau ligt laag, maar vind je het gek als er zoveel tijd is om te vullen! Kantoor is ook de ideale plek voor kantoorhumor. Waar vind je zoveel publiek dat nergens heen kan?

Ik vind het ook wel fijn als de lat wat lager ligt. Bij mijn vrienden moeten grappen echt niveau hebben. Mijn vrienden zijn ook allemaal veel grappiger dan ik. Bij mijn collega's heb ik daar gelukkig geen last van. Die vinden het vaak al leuk als ik 'dat zei mijn vrouw vannacht ook tegen me' zeg. Ze lachen ook altijd om me omdat ik dan sneller ophoud.

Ik zou dan ook zeggen: probeer het gewoon eens, kantoorhumor, er is ook alle tijd voor op kantoor – om stellages te timmeren, emmers op deuren te zetten en bussen scheerschuim te bestellen. Bovendien zijn er allemaal attributen op kantoor voorhanden om je grappen mee aan te kleden – nietmachines, plakband, toiletrollen, lamellen, kroketten – kom daar maar eens om in de kroeg.

Rest nog de vraag hoe je op kantoorhumor reageert. Ik zou zeggen: altijd erop en erover. Je zegt eerst dat ze je beet hebben, dan ga je opschalen tot er minstens acht drones in de printer zijn gecrasht, alle collega's vastzitten in het systeemplafond en het pand tot de grond toe is afgebroken.

Juist voor kantoorhumor geldt de vuistregel: beter ingekopt dan overgeschoten en: *never try this at home*. Daar ligt de lat een stuk hoger.

3. ROT TOCH OP MET JE REORGANISATIE

Toen ik een kleuter was, moest ik uit de zandbak worden gegraven omdat ik niet naar de grote school wilde, en toen ik mijn studentenstad Groningen moest verlaten voor Rotterdam, heeft de brandweer me in de verhuiswagen moeten lassen omdat ik niet mee wilde en dacht te sterven zonder mijn geliefde kroegen. En toen ik van *nrc.next* naar *NRC Handelsblad* vertrok om daar het nieuws te gaan doen, weende ik bittere tranen omdat ik niet wist of ik ooit wel zonder mijn next-collega's zou kunnen met wie ik bureaustoelracete, een miljard kilo Haribo-banaantjes at en samen de rebellenclub vormde.

Kort gezegd: ik haat verandering. Dat een seconde eerder alles nog goed was, maar dat dan je leukste collega weggaat of er komt een reorganisatie of alles tegelijk – en dan weet niemand hoe het verder moet en heb je voor je het weet de beste jaren van je leven alweer gehad.

Kantoor lijkt soms het leven wel: superirritant.

Er zijn ook mensen die hitsig worden van verandering. Die hebben een fetisj voor pleuris en zeggen dat het goed is om 'uit je comfortzone te komen', 'buiten je doos te durven denken' en: 'Je wilde ook niet weg uit Rotterdam, en kijk eens waar we nu zitten.' Ik haat dat soort mensen. Want ik wíl niet vooruit, ik wil zwelgen. Rot op met je organisatieverandering. Ik weet ook wel dat alles uiteindelijk beter wordt dan het ooit was en dat als dat niet gebeurt, je toch al weg moest. Maar dat hoef ik echt niet te horen.

Natuurlijk. Je kúnt niet een heel leven in hetzelfde warme bad blijven zitten. Dan word je zo'n rimpelig oudje dat het de hele tijd over de leukste jaren van zijn leven heeft. Maar laat me nou even. Want je verandert zelf dus óók nog hè, dat is het ergste van kantoor. Net als dat je uit je lievelingsbroek groeit, of uit je relatie. En dan moet je een jurkje gaan dragen, een andere man, op dieet of – alweer – alles tegelijk.

Mijn advies bij verandering op kantoor zou zijn: zet Rachmaninov op je oren, ga heel hard huilen achter een kantoorplant en bestel na afloop (het houdt vanzelf op) een dubbele espresso. Vervolgens zoek je de leuke collega's die er nog wél gewoon zijn en omhels je elkaar – het kan voor het laatst zijn. Daarna ga je flink met ze aan de zuip en tot diep in de nacht whatsappen en elkaar moed inpraten. Daarna ga je verder alsof er niets is gebeurd.

Want troost je, uiteindelijk verandert er natuurlijk

helemaal niks op kantoor. Natuurlijk, het heet allemaal anders, er verschuiven wat bureaus, maar de PowerPoint heeft nog steeds de pijl fier naar rechtsboven, het proces wordt alweer begeleid door een zzp'ende coach/coachende zzp'er, de koffieautomaat zal er altijd zijn en weer valt het allemaal tegen en tegelijkertijd wel mee.

Maar die leuke collega's dan die je mist? Ja, die collega's. Die blijken in een ander team vaak helemaal niet meer zo leuk. Of er komt weer een nieuwe collega die honderd keer leuker is.

En de collega's die je écht niet meer uit je hoofd krijgt, daar heb ik een trucje voor. Die zie ik als sterren die ver boven mijn hoofd staan te stralen en af en toe kijk ik even naar ze. En als ik dan op een gegeven moment vaker naar boven zit te kijken dan om me heen, dan weet ik dat ik weg moet.

En begint het hele gelazer opnieuw.

EPILOOG

Wat als niets werkt in de kantoorjungle?

Laatst zei iemand: hou eens op met je hoopvolle tips voor de kantoorjungle. Ze werken voor geen meter, mevrouw de kantoorjungle-expert. Want ik doe alles wat je zegt, maar ik ben nog steeds een totale faalhaas, word overal ontslagen, niemand vindt me aardig, ik zou al mijn collega's het liefst aan hun oren door de poep op de parkeerplaats willen trekken, ik heb een anti-carrière en ga liever Netflixen dan een dag langer naar dat kantoor te gaan.

Jongens, rustig. Ik herken dit. Sterker nog, het was ook mijn eerste emotie toen ik begon te werken. Doordat je tien uur per dag in de kantoorjungle zit, zeven dagen per week – als je er minder zit, is het niet zo gek dat je een mislukkeling bent, maar dat terzijde – kunnen nare ervaringen best hard aankomen.

Kantoor is alles, kantoor is het leven en wie faalt op kantoor, faalt in het leven.

Maar wacht eens even. Wat is falen? En wat is een succesnummer? Is dat iemand die braaf doet wat iedereen zegt en dan zelf de baas wordt, of iemand die ze steeds moeten bijsturen en nu zijn eigen koers rijdt?

Ik ben toch zelf ook geen succesnummer, mensen. Kom op zeg. Ik ben ook ontslagen ooit. Dat was zó slecht voor mijn eigenwaarde! Dan denk je dat je echt niks kunt, nooit meer, nooit iets gekund ook – dat gevoel. En als je daarna zzp'er wordt en niemand belt, voel je je als een ingezakte vuilniszak die de wagen heeft gemist en nu stinkend moet liggen wachten op de volgende.

Maar nu waar het om gaat: oké, dan lig je daar en wat dan nog? Je hebt het overleefd. Sterker nog, ik ben er alleen maar beter van geworden, van al dat ontslag. Eindelijk vrij. Er eindelijk achter komen dat je er niet hoorde en wat een enorm compliment dat is. En dan terug op je werkplek wat spullen pakken, tegen die ene collega zeggen dat hij uit zijn bek stinkt, die stoere vol op de mond pakken, juichend het pand uit lopen en het op een zuipen zetten.

Als je negen jaar ergens werkt, moet je er ook gewoon op aansturen, vind ik, op ontslag. Staat ook beter op je cv. Als je het een beetje slim speelt, kun je bovendien van ontslagvergoeding naar ontslagvergoeding surfen. En daarna kom je wél ergens terecht waar je hoort. Waar ze wél vragen of je mee gaat kroketten eten, bureaustoelracen en opwindend borrelen. Waar je de liefde voelt. De liefde voor kantoor.

En als het dan nog steeds niet lukt, zou ik zeggen: begin zelf een kantoor. Pluk wat jongens met baarden van de straat, koop een paar zitzakken, wat pakken fairtradekoffie en je bent in business. Maak PowerPoints, organiseer heidagen, zet ingewikkelde administraties op waar niemand mee kan werken, ga af en toe thuiswerken en werk over. Ga desnoods met de kat vergaderen, maar zorg dat je in de jungle blijft. Denk je dat Mozart bij de pakken neerzat toen hij op zijn derde uit de ballenbak werd gevist om klavecimbel te gaan spelen?

Wat ik bedoel te zeggen: uit het grootste ongeluk komen de baanbrekendste oeuvres voort. Want je beste jaren – kijk ze daar nu liggen, vlak voor je.

Al die tijd al.

MET DANK AAN

Martine Kamsma, Alex van der Hulst en Smudde – ik had de mazzel dat ze in mijn leven opdoken en nog even bleven hangen. Maar ook veel dank aan Silke Groen, Ineke, Uilke en Gerda Bouma, Roel Amesz en Freek Staps voor hun niet-aflatende steun. Verder ben ik veel dank verschuldigd aan Richard Engelfriet, Floor Rusman, Thomas Rueb, Thomas de Veen, Ruiter Janssen, Boudewijn van Diepen en Philippus Zandstra voor hun retegoeie tips, aan Simone van Driel voor het geduldig redigeren van alle viezigheid, en aan Patricia Veldhuis en Rob Wijnberg zonder wie deze columns er sowieso niet gekomen waren. Maar bovenal wil ik mijn geweldige redacteur Saartje Schwachöfer en dito uitgever Arend Hosman bedanken. Zij geloofden in mij en in dit boek. Zoveel zelfs, dat ze het twee keer uitgaven. Wat hebben we het goed samen.